Advanced German Course
Key to Part Three

A. RUSSON and L. J. RUSSON M.A.

LONGMAN

By A. RUSSON and L. J. RUSSON
Simpler German Course for First Examinations
Advanced German Course

By L. J. RUSSON
Complete German Course for First Examinations

LONGMAN GROUP LIMITED
Longman House,
Burnt Mill, Harlow, Essex CM20 2JE, England
and Associated Companies throughout the World.

© A. RUSSON and L. J. RUSSON 1965

All rights reserved; no part of this
publication may be reproduced, stored
in a retrieval system, or transmitted
in any form or by any means, electronic,
mechanical, photocopying, recording, or
otherwise, without the prior written
permission of the Copyright owner.

First published 1965
Seventh impression 1986

ISBN 0 582 36165 6

Produced by Longman Group (FE) Ltd
Printed in Hong Kong

Contents

Foreword   iv

German translations of English prose passages
1–120 (Part Three)   1

Sources of German prose passages
for comment and appreciation (Part Six)   74

Authors of German poems and verse passages
for comment and appreciation (Part Eight)   75

Foreword

We offer this Key to all the hundred and twenty passages of English printed in the *Advanced German Course* in the hope that it will prove of assistance to teachers using that book. Though it has involved us in considerably more time and labour we have added a large number of variants for most of the passages since we believe that teachers may particularly welcome this feature of the Key.

All our translations have been submitted to the searching criticism of our friends Mr. Heinrich Fischer, Mrs. Maria Wagner, Prinzessin Margarete von Isenburg, Frau Trude Benecke and Herr Ulrich Keller. Many of their suggestions have been incorporated, either in the versions offered or among the variants, and we are most grateful to them all for their most generous help.

This volume also includes the sources of the German prose and verse passages for comment and appreciation printed in Part Six and Part Eight of the *Advanced German Course*.

Winchester, 1964

A.R.
L.J.R.

Certain changes in the second edition of the *Advanced German Course* have entailed corresponding changes in the fourth impression of the *Key*. The translations of the last twenty passages have been omitted as well as the indication of the sources of the German prose passages for comment and appreciation nos. 41, 43, 44, 45 and 46.

Chandler's Ford, 1977

A.R.
L.J.R.

1 Der Spiegel

Man sollte in seinen Zimmern keine Spiegel herumhängen haben, ebensowenig wie man offene Scheckbücher herumliegen lassen sollte oder Briefe, in denen ein scheußliches Verbrechen gestanden wird. An diesem Sommernachmittag mußte man einfach in den langen Spiegel blicken, der draußen in der Diele hing. Der Zufall hatte es so eingerichtet. Aus der Tiefe des Sofas im Wohnzimmer konnte man in dem italienischen Spiegel nicht nur gegenüber den mit einer Marmorplatte versehenen Tisch reflektiert sehen, sondern auch noch ein Stück des Gartens darüber hinaus. Man konnte einen langen Rasenweg zwischen Terrassen hoher Blumen bis dahin verfolgen, wo der Goldrand des Spiegels ihn abschnitt.

1 Var. *Leute sollten in ihren.* 3 **gestanden:** var. *eingestanden.* 3–4 Var. *Man konnte nicht umhin, an diesem Sommernachmittag in den ... zu blicken.* 5 Var. *draußen im Flur.* **eingerichtet:** var. *gewollt.* 7–8 **reflektiert:** var. *wiedergespiegelt.* 8 Var. *sondern darüber hinaus auch noch.* 9–10 *Man konnte zwischen Terrassen hoher Blumen einen langen Rasenweg bis dahin verfolgen, wo; Man konnte einen langen Rasenweg sehen, der zwischen Terrassen hoher Blumen bis dahin führte, wo.*

2 Die Brücke

„Was für eine schöne Brücke!" sagte Aymo. Es war eine lange, einfache, eiserne Brücke über ein Flußbett, das gewöhnlich ausgetrocknet war.

„Machen wir lieber schnell, daß wir hinüberkommen, bevor sie sie sprengen", sagte ich.

„Es ist niemand zum Sprengen da", sagte Piani. „Sie sind alle weg."
„Sie haben wahrscheinlich Minen gelegt", sagte Bonello. „Geh du zuerst hinüber, Tenente!"

„Hört den Anarchisten!" sagte Aymo. „Er soll zuerst gehen!"
„Ich werde gehen", sagte ich. „Sie werden die Minen nicht so gelegt haben, daß die Brücke gleich bei einem Mann hochgeht."

„Siehst du!" sagte Piani. „Das nenn ich Verstand. Warum hast du denn keinen Verstand, Anarchist?"

„Wenn ich Verstand hätte, wäre ich nicht hier", sagte Bonello.

1 **schöne:** var. *herrliche.* **einfache:** var. *schlichte.* 2 Var. *Eisenbrücke.* **über ein Flußbett, das ... war:** var. *die ein für gewöhnlich ausgetrocknetes Flußbett führte.* **gewöhnlich:** var. *normalerweise.* 3 **lieber:** var. *besser.* **Machen wir lieber schnell:** var. *Wir machen lieber schnell und gehen hinüber; wir machen lieber schnell, daß wir hinüberkommen; Eilen wir lieber, daß wir; Beeilen wir uns lieber, daß ...; Wir sollten uns lieber eilen und hinübergehen, bevor ...* 3–4 **bevor sie sie sprengen:** var. *bevor sie sie in die Luft sprengen; bevor sie sie in die Luft fliegen lassen.* 5 Var. *Niemand ist da, um sie zu sprengen; Es ist niemand*

1

da, um sie zu sprengen; S'ist niemand da, um sie zu sprengen (fam.).
weg: var. *fort.* 8 Var. *Hört mal den Anarchisten an!* Var. *Laßt ihn doch zuerst gehen!* 9–10 Var. *Die Minen werden nicht so gelegt sein, daß.* 10 Var. *daß sie schon mit einem einzigen Mann darauf in die Luft fliegt; daß sie gleich in die Luft fliegt, wenn nur ein einziger Mann darauf ist; daß sie schon in die Luft fliegt, wenn.* **hochgeht:** var. *in die Luft fliegt; hochfliegt; in die Luft gesprengt wird.* 11 **Das nenn ich Verstand:** var. *Das ist Köpfchen* (slang. (1945–50)); *Das ist Grips* (antiquated); *Der hat was auf dem Kasten* (slang). 13 Var. *Wenn ich welchen hätte* (slang).

3 Schwere Verständigung

Ich trank langsam den grünen bitteren Tee, die henkellose Tasse von einer Handfläche zur anderen gleiten lassend, wenn die Hitze mir die Finger verbrannte, und ich überlegte dabei, wie lange ich wohl bleiben sollte. Ich versuchte es einmal auf französisch mit der Familie und fragte, wann sie
5 Monsieur Chou zurückerwarteten. Aber niemand antwortete; sie hatten wahrscheinlich nicht verstanden. Wenn meine Tasse leer war, füllten sie sie wieder und fuhren fort, ihren eigenen Beschäftigungen nachzugehen: eine Frau bügelte, ein Mädchen nähte, die beiden Jungen machten ihre Schularbeiten, die alte Dame sah ihre Füße an, die winzigen, verkrüppelten
10 Füße des alten China — und der Hund beobachtete die Katze, die auf den Pappschachteln sitzen blieb.

1 **Tasse:** var. *Schale.* 1–2 *die ... Tasse ... zur anderen gleiten lassend:* var. *wobei ich die ... in die andere schob.* 3 **überlegte:** var. *fragte mich.* 4 Var. *versuchte, die Familie einmal auf französisch anzusprechen (anzureden); mit der Familie französisch zu sprechen; französisch mit der Familie zu reden (sprechen).* 4–5 Var. *um welche Zeit sie mit der Rückkehr (Rückkunft) von M. Chou rechneten; wann sie erwarteten, daß M. Chou zurückkäme.* 6 **Wenn:** var. *als* (if single action). 6–7 Var. *schenkten sie mir wieder ein; füllten sie sie von neuem.* 7 Var. *gingen sie weiter ihren eigenen Beschäftigungen nach; setzten sie ihre eigenen Beschäftigungen fort; widmeten sie sich weiter ihren jeweiligen Beschäftigungen.* 8 **bügelte:** var. *plättete.* 9 **Schularbeiten:** var. *Schulaufgaben.* **sah ... an:** var. *betrachtete; schaute auf.* 10 **beobachtete:** var. *beäugte; musterte; sah ... an; guckte ... an* (fam.). 10–11 Var. *beobachtete die still auf den Kartons sitzende (liegende) Katze.* 11 Var. *liegen blieb.*

4 Die dreibeinige Kröte

Der Philosoph Pi-Fu beging eines Tages einen Fehltritt, und Gott, der vom Himmel herabsah, lachte und sagte zu ihm: „In deinem Brunnen ist

eine dreibeinige Kröte. Ich befehle dir, jeden Tag nach ihr zu angeln, bis es
dir gelingt, sie heraufzubringen." Der Philosoph verbrachte viele mühsame
Tage an dem Brunnen, bis er sich schließlich hinsetzte, um nachzudenken. 5
„Mein Fehler", so sagte er sich, „kam von der Liebe zum Gelde; Liebe
zum Geld läßt einen Mann krumme Wege gehen; die dreibeinige Kröte
muß notgedrungen krumme Wege gehen, vielleicht ist sie so belastet,
wie ich es war." So ließ er eine Münze in den Brunnen hinunter, und
tatsächlich kam die dreibeinige Kröte herauf, sich fest an die Münze 10
klammernd. Da kam eine Lachsalve vom Himmel herunter, und der
Philosoph war wieder ein freier Mann.

1 beging ... Fehltritt: var. machte sich ... eines Vergehens schuldig. 2 herabsah: var. herabschaute. ist: var. lebt. 3–4 Var. bis du Erfolg hast und sie
heraufbringst. 4 mühsame: var. mühselige. 4–5 Var. plagte sich viele Tage.
5 schließlich: var. endlich. 6 Var. entstammte der Liebe. 7 Var. führt
einen Mann auf krumme Wege. 8 notgedrungen: var. gezwungenermaßen.
8–9 Var. vielleicht hat sie dieselbe Belastung, die ich hatte. 10 tatsächlich:
var. wirklich.

5 Im Oberammergauer Land

Ich bin hier im Bayrischen Tirol in der Nähe der hohen Berge. Sie ragen
schneegestreift empor, ganz blau, drüben auf der anderen Seite des Tals.
Die Isar ist ein schnellströmender Fluß, jetzt ganz trübe vom Gletscher-
wasser. Wenn Du je nach Deutschland kommst, komm das Isartal herunter.
Blumen gibt es da in großen Mengen, in Mengen genug, jedwede Seele 5
zu befriedigen. Und so schöne! Und die klare, reine Luft und die bar-
füßigen Bauern und die weißen Kühe mit ihren Kuhglocken, dies alles ist
so entzückend. Gestern waren wir in einem Bauernstück — Du weißt, dies
ist das Oberammergauer Land. Es war ein altes Mirakelspiel mit Teufel
und Tod und Christus und Maria — sonderlich und irgendwie rührend. Es 10
würde Dir sehr gut gefallen. Komm doch einmal nach Bayern! Es ist das
Minnesingerland. Ich bin im Rheinland und auch an der Mosel gewesen,
aber Bayern gefällt mir am besten.

1 Var. nahe den hohen Bergen (poet.). 2 Var. so blau. 3 Var. schnell-
fließender Strom (bigger). 5 Var. sind da in Hülle und Fülle genug, um.
jedwede: var. eine jede. 7–8 Var. es ist alles so. 8 waren wir in: var.
sahen wir ein; wohnten wir einem Bauernstück bei. 9–10 Avoid Tod und
Teufel, which is a stock oath. 10 sonderlich: var. seltsam naiv; wunder-
lich: eigenartig; eigentümlich. 12 Var. Minnesängerland. Var. am Rhein
but not im Moselland. 13 Var. habe ich am liebsten.

6 Nach dem Osten verschlagen

Seine Lebensgeschichte war sonderbar. Er war in Bayern geboren und
hatte sich als junger Mann von zweiundzwanzig Jahren an der revolution-

ären Bewegung von achtzehnhundertachtundvierzig aktiv beteiligt. Es
gelang ihm zu entkommen, und er fand zuerst Zuflucht bei einem armen
5 Uhrmacher in Triest. Von dort schlug er sich als Hausierer mit einem
Vorrat an billigen Taschenuhren nach Tripoli durch. Dort war es, wo er
einen holländischen Forschungsreisenden traf—einen ziemlich berühmten
Mann, glaube ich, aber ich erinnere mich nicht mehr an seinen Namen.
Der Holländer stellte ihn als eine Art Gehilfen an und nahm ihn nach dem
10 Osten mit. Sie reisten zusammen oder auch jeder für sich, und vier oder
noch mehr Jahre lang sammelten sie Insekten und Vögel. Der Holländer
kehrte dann in seine Heimat zurück, und Stein, der kein Zuhause hatte,
wohin er zurückkehren konnte, blieb bei einem alten Händler, den er auf
seinen Reisen im Inneren von Celebes kennengelernt hatte.

1 **sonderbar:** var. *seltsam.* **geboren:** var. *geboren worden.* 2 Var. *als
Zweiundzwanzigjähriger.* 4. **entkommen:** var *fliehen; entfliehen.* 4–5 Var.
er kam zuerst bei einem … unter. 5 Var. *Von dort aus schlug.* 8 Var. *aber ich
besinne mich nicht … auf seinen.* 9 **Gehilfen:** var. *Assistenten.* 9–10 Var.
und nahm ihn mit nach dem Osten. 10 Var. *oder auch getrennt.* 10–11 Var.
vier Jahre lang oder noch länger. 12 Var. *dann nach Hause zurück.*
12–13 **kein Zuhause, wohin:** var. *keine Heimat, in die.* 13 Var. *er
hätte zurückkehren können.* **kennengelernt:** var. *getroffen.*

7 Eine Stelle zum Übergang

Später befanden wir uns auf einer Straße, die zu einem Fluß führte. Auf
der Straße, die auf die Brücke zuführte, stand eine lange Reihe stehengelassener Lastautos und Fuhrwerke. Niemand war zu sehen. Der Fluß
stand hoch, und die Brücke war in der Mitte gesprengt worden; der
5 steinerne Bogen war in den Fluß gefallen, und das braune Wasser floß
darüber hinweg. Wir gingen weiter das Ufer hinauf auf der Suche nach
einer Stelle, wo man hinüber konnte. Ich wußte, daß weiter stromaufwärts
eine Eisenbahnbrücke war, und dachte, daß wir vielleicht dort hinübergehen
könnten. Der Pfad war naß und schlammig. Wir sahen keine Truppen, nur
10 im Stich gelassene Lastautos und Vorräte. Am Flußufer war niemand und
nichts weiter als nasses Gebüsch und schlammiger Boden. Wir gingen bis
zum Ufer und sahen endlich die Eisenbahnbrücke.

1 **befanden wir uns:** var. *waren wir.* **zu einem:** var. *an einen.* 1–3 **Auf
der Straße … Fuhrwerke:** var. *Eine lange Reihe stehengelassener (im
Stich gelassener, verlassener) Lastautos (Lastkraftwagen, Laster) und
Fuhrwerke (Wagen, Karren) stand auf der Straße, die zur Brücke
hinaufführte (auf die Brücke zuführte).* 3 Var. *Es war niemand in Sicht
(in Sichtweite).* 4 Var. *in die Luft gesprengt.* 4–5 **der steinerne Bogen:**
var. *der Steinbogen.* 5 **gefallen:** var. *gestürzt.* 6–7 **auf der Suche nach
einer Stelle:** var. *und suchten eine Stelle; und suchten nach einer Stelle.* 7
wo man hinüber konnte: var. *wo man den Fluß überqueren konnte; an*

der wir hinüber konnten; zum Übergang; zum Überqueren. **stromaufwärts:** var. *weiter oben; weiter oberhalb; weiter den Fluß hinauf; weiter oben, wußte ich, war eine Eisenbahnbrücke.* 8 **vielleicht:** var. *möglicherweise.* 8–9 Var. *dort hinüberkommen könnten; dort den Fluß überqueren könnten.* 9 **Pfad:** var. *Fußweg.* 11 **nichts weiter als:** var. *nichts als nur.* 12. **zum Ufer:** var. *zur Böschung; dicht ans Ufer heran.*

8 Karl Valentin

Der verstorbene Münchener Komiker Karl Valentin — einer der größten aus der seltenen Rasse metaphysischer Clowns — spielte einmal folgende Szene: der Vorhang geht auf und enthüllt Dunkelheit; und in dieser Dunkelheit ist ein einziger von einer Straßenlaterne ausgeworfener Lichtkreis. Valentin, mit seinem langgezogenen, tief bekümmerten 5 Gesicht, geht immer und immer wieder um diesen Lichtkreis herum, verzweifelt nach etwas suchend. „Was haben Sie denn verloren?" fragt ein eben hinzugekommener Schutzmann. „Meinen Hausschlüssel", worauf der Schutzmann ihm beim Suchen hilft. Sie finden nichts; und nach einer Weile erkundigt sich der Schutzmann: „Sind Sie sicher, daß Sie ihn hier 10 verloren haben?" „Nein", sagt Valentin und zeigt auf eine dunkle Ecke der Bühne: „Da drüben." „Warum um Himmels willen suchen Sie ihn dann hier?" „Da drüben ist ja kein Licht", sagt Valentin.

2 **Rasse:** var. *Gattung.* 4–5 Var. *ein einziger ... fallender kreisrunder Lichtfleck; ist ein einziger Lichtkegel, von einer Straßenlaterne ausgestrahlt.* 5 **langgezogenen:** var. *langen* but not *länglichen!* 7–8 Var. *fragt ein Polizist, der jetzt auftritt; der jetzt gerade dazu kommt.* 9 Var. *ihm suchen hilft.* 10–11 Var. *Haben Sie ihn wirklich hier verloren?* 11 Var. *nach einer dunklen Ecke; in eine dunkle Ecke zeigend.* 12–13 Var. *Warum suchen Sie ihn denn hier?*

9 Düstere Vorahnungen

Esther hörte nicht zu. Sie dachte darüber nach, was mit ihr geschehen würde. Würde man sie am Ende der Woche fortschicken, oder vielleicht sogar schon an demselben Nachmittag? Würde man ihr den Lohn für eine Woche geben oder sie einfach hinauswerfen, so daß sie ihren Weg nach London zurückfinden müßte, so gut es ginge? Was sollte sie tun, 5 wenn man sie schon an demselben Nachmittag vor die Tür setzte? Nach London zurücklaufen? Sie wußte nicht, von wie weither sie gekommen war — sehr weit, zweifellos, denn sie hatte Wälder, Anhöhen, Flüsse und Städte vorbeifliegen sehen. Sie würde nie den Weg durch jene weiten Strecken Landes zurückfinden können. Außerdem konnte sie ihren Koffer nicht 10 auf dem Rücken tragen. Was sollte sie tun? Sie hatte keinen einzigen Freund in der Welt und keinen einzigen Pfennig in der Tasche. Ach, warum mußte nun so ein Unglück über ein armes Mädchen kommen, das nie jemandem in der Welt ein Leid zugefügt hatte!

1 **darüber nach, was:** var. *daran, was*. 1–2 Var. *was wohl mit ihr passieren würde; was wohl aus ihr werden würde*. 2 **fortschicken:** var. *wegschicken*. 3 Var. *schon diesen Nachmittag; schon an diesem Nachmittag*. 3–4 Var. *einen Wochenlohn*. 4–5 Var. *den Weg ..., so gut es eben ging; so gut sie könnte*. 6 **setzte:** var. *setzen würde*. 7 **zurücklaufen:** var. *zurückgehen*. Var. *wußte gar nicht*. Var. *wie weit es von London bis hierher gewesen war*. 8 **Anhöhen:** var. *Hügel*. 9–10 Var. *nie den Weg durch alle jene Meilen von Land zurückfinden können*. 10 'Box' does not mean *Kiste* here. 12 *keinen Pfennig in der Tasche* is the German stock phrase. 13–14 Var. *niemals jemandem etwas zuleid(e) getan hatte*.

10 Im Salon

Es war ein großes, auf das üppigste möbliertes Zimmer. Männer standen in Gruppen und beugten sich über die Rückenlehnen von Sesseln und Sofas, auf denen Damen mit einem Täßchen Kaffee in der Hand saßen. Mir fiel besonders ein alter Mann mit ergrautem Haar auf, der auf der Armlehne
5 eines großen Sessels am Kamin saß. Er war rüstig und kerngesund, und infolge der Ungezwungenheit seiner Haltung und der Hochachtung, mit der er von den anderen behandelt zu werden schien, hielt ich ihn für den Hausherrn. Er war es, der auf der Gitarre geklimpert hatte; nun aber hatte er das Instrument quer über seine Knie gelegt, und dicht daneben,
10 sanft eine der Saiten zupfend, stand ein kleiner Junge von fünf oder sechs Jahren, der meinem Begriff nach auch höchst sonderbar gekleidet war und dessen Gesicht mich sofort interessierte, da es mich an etwas erinnerte, was ich schon früher einmal gesehen hatte.

1 Var. *auf das reichste eingerichtetes (ausgestattetes)*. 2 **Sesseln:** var. *Stühlen*. 4 **ergrautem:** var. *graumeliertem*. **Armlehne:** var. *Seitenlehne*. 6 **Hochachtung:** var. *Achtung*. 6–7 Var. *mit der die anderen (man) ihm zu begegnen schienen (schien); die die anderen ihm entgegenzubringen (zu zollen) schienen*. 8 **Hausherrn:** var. *Herrn des Hauses*. 10 Var. *betastend; sanft (leise) über eine der Saiten streichend; sanft eine Saite zupfend*. 11 Var. *für meine Begriffe*. 13 Var. *das ich schon vorher einmal*.

11 Die reine Vernunft

Die Vernunft hat immer recht. Auf eine jede Frage gibt es nur eine richtige Antwort, die mit genügender Beharrlichkeit unfehlbar entdeckt

werden kann. Dies trifft nicht weniger auf Fragen der Ethik oder der
Politik, auf Fragen des persönlichen und sozialen Lebens zu als auf die
Probleme der Physik oder Mathematik. Wenn man erst einmal die Lösung 5
gefunden hat, ist es lediglich eine Frage des technischen Könnens, sie in
die Tat umzusetzen. Aber zunächst müssen die traditionellen Feinde des
Fortschritts beseitigt werden, und den Menschen muß beigebracht werden,
wie wichtig es ist, in allen Fragen nach dem Rat unparteiischer wissen-
schaftlicher Fachleute zu handeln, deren Wissen sich auf Vernunft und 10
Erfahrung aufbaut. Hat man das einmal erreicht, steht der Weg zum
Tausendjährigen Reich ganz offen.

1 **eine jede:** var. *jede, jedwede.* 2 **Beharrlichkeit:** var. *Ausdauer.* 2-3
Var. *die sich ... unfehlbar entdecken läßt.* 3-4 Var. *Dies läßt sich auch in
nicht geringerem Maße auf ... anwenden als.* 5-7 Var. *Wenn erst einmal die
Antwort gefunden ist, handelt es sich nur noch um das technische Geschick, sie
in die Praxis umzusetzen.* 7 Var. *die herkömmlichen Gegner.* 9 Var. *gemäß
dem Rat.* 10-11 **sich ... aufbaut:** var. *sich ... gründet.* 11 Var. *Wenn dies
erst einmal erreicht (errungen) ist; wenn ..., dann; Hat man dies erst einmal
erreicht, so ...* 11-12 Since *das Tausendjährige Reich* smacks of Hitlerism
das Millennium would nowadays be preferred; var. *zum Millennium.*

12 Die Rückreise

Sie stieg ein und legte ihren Handkoffer ins Gepäcknetz und das Paar Fasane
obendrauf. Dann setzte sie sich in die Ecke. Der Zug ratterte durch Mittel-
england, und der Nebel, der hereingekommen war, als sie die Tür öffnete,
schien das Abteil zu vergrößern und die vier Reisenden weiter voneinander
abzusondern. Offensichtlich hatte M.M. — das waren die Anfangsbuch- 5
staben auf ihrem Koffer — das Wochenende auf einer Jagdgesellschaft
verbracht. Offensichtlich, denn sie erzählte sich jetzt, in ihre Ecke zurück-
gelehnt, in Gedanken die ganze Geschichte noch einmal. Sie schloß die
Augen nicht. Aber ganz augenscheinlich sah sie den Mann ihr gegenüber
nicht, und auch nicht die Farbfotografie des Münsters von York. Auch 10
mußte sie gehört haben, was sie gesagt hatten, denn, während sie vor sich
hin sah, bewegten sich ihre Lippen; ab und zu lächelte sie.

5 **abzusondern:** var. *zu entfernen.* 5-6 Var. *Buchstaben.* 7-8 Var. (free) *sie
ging alles noch einmal in Gedanken durch.* 9 **augenscheinlich:** var.
offensichtlich. 10 **und auch nicht die:** var. *noch die.*

13 Der barmherzige Samariter

Ein Mann befand sich auf dem Wege von Jerusalem nach Jericho hinunter,
als er unter Räuber geriet, die ihn nackt auszogen, ihn schlugen und fort-
gingen und ihn halbtot liegen ließen. Zufällig ging ein Priester denselben

7

Weg hinunter; aber als er ihn sah, ging er auf der anderen Seite vorüber.
5 Es kam auch ein Levit zu der Stelle, und als er ihn erblickte, ging er auf
der anderen Seite vorüber. Aber ein Samariter, der dieselbe Reise machte,
fand ihn dort, und als er ihn erblickte, wurde er von Mitleid gerührt. Er
ging zu ihm, verband seine Wunden und wusch sie mit Öl und Wein. Dann
hob er ihn auf sein eigenes Tier, brachte ihn zu einem Gasthaus und
10 pflegte ihn dort. Am nächsten Tag zog er zwei Silberstücke hervor, gab sie
dem Wirt und sagte: „Pflege ihn gut; und wenn du mehr ausgibst, will ich
es dir auf meinem Rückweg wiedergeben."

2 Var. *er in die Hände von Räubern fiel.* Var. *die ihn ausplünderten.* 3-4
Var. *nahm ein Priester dieselbe Straße; schlug ... denselben Weg ein.* 4 **sah**:
var. *erblickte.* 7 Var. *traf dort auf ihn.* Var. *hatte er Mitleid mit ihm.*
8 **seine Wunden**: var. *ihm die Wunden.* Var. *wusch sie ... Wein aus.*
10 **pflegte**: var. *versorgte.* Var. *nahm er zwei Silberstücke aus der
Tasche.* 13 Var. *auf meiner Rückreise zurückzahlen (ersetzen, erstatten).*

14 Mord?

Er machte sich mit gierigem Behagen über die Speisen her, während der
Greis, sich zurücklehnend, ihm unverwandten Blickes neugierig zusah.
„Ihr habt Blut an der Schulter, Mann", sagte er.
Montigny mußte ihn mit seiner nassen rechten Hand angerührt haben,
5 als er das Haus verließ. Er verfluchte Montigny innerlich.
„Ich war es nicht, der es vergossen hat", stammelte er.
„Das hatte ich auch nicht angenommen", erwiderte sein Wirt gelassen.
„Eine Schlägerei?"
„Ja schon, so etwas Ähnliches", gab Villon mit zitternder Stimme zu.
10 „Vielleicht ein Kerl ermordet?"
„O nein, nicht eigentlich ermordet", sagte der Dichter, immer mehr in
Verwirrung geratend. „Es ging alles mit rechten Dingen zu — er wurde nur
aus Versehen ermordet. Möge Gott mich auf der Stelle totschlagen, wenn
ich etwas damit zu tun hatte!" fügte er voll Inbrunst hinzu.
15 „Ein Lump weniger, wenn ich so sagen darf", bemerkte der Hausherr.
„Das dürft Ihr wohl sagen", stimmte Villon bei, unendlich erleichtert.

1 **mit gierigem Behagen** : var. *heißhungrig; gierig.* 2 **ihm unverwandten ... zusah**: var. *ihn unverwandt mit neugierigen Augen beobachtete.* 5 Var. *im Grunde seines Herzens; in seinem Herzen.* 6 Var. *Nicht ich habe es (Blut) vergossen.* 7 **angenommen**: var. *vermutet.* Var. *antwortete ... ruhig.* 8 **Schlägerei**: var. *Rauferei.* 11-12 Var. *immer verwirrter werdend; der immer mehr in Verwirrung geriet; und geriet immer mehr in Verwirrung.* 12 Var. *es ging alles ganz ehrlich (fair) zu.* 12-13 Var. *ein Mord aus Versehen nur.* 14 **voll Inbrunst**: var. *inbrünstig.* 15 **Lump**: var. *Gauner; Spitzbube; Schurke.* 16 **wohl**: var. *zurecht* (antiquated), *mit Recht.* **unendlich**: var. *grenzenlos.*

8

15 Aussicht von der Veranda

Vor dem Hause, in dem wir wohnten, fiel der Berg steil zu der kleinen Ebene am See ab; wir saßen auf der Veranda des Hauses in der Sonne und betrachteten die Windungen der Straße den Bergabhang hinunter und die Weinbergterrassen am Hang des niedrigeren Berges, die Weinstöcke, die jetzt alle für den Winter erstorben waren und die durch Steinmauern 5 getrennten Weinberge, und unter den Weingärten die Häuser der Stadt auf der schmalen Ebene am Seeufer. Im See befand sich eine Insel mit zwei Bäumen, und die Bäume sahen wie das Doppelsegel eines Fischerbootes aus. Die Berge waren gezackt und steil auf der anderen Seite des Sees, und dort unten am Ende des Sees lag die Ebene des Rhonetals flach zwischen 10 den beiden Bergketten. Und talaufwärts, wo die Berge das Tal abschnitten, erhob sich der Dent du Midi. Es war ein hoher schneebedeckter Berg, und er beherrschte das Tal, aber er war so weit entfernt, daß er keinen Schatten warf.

1 **wohnten:** var. *lebten.* Var. *Vor dem von uns bewohnten Haus.* 3 **betrachteten:** var. *sahen (auf).* 4 Var. *am unteren Abhang des Berges.* 5 **erstorben:** var. *tot.* 5–6 Var. *und das Land, das von Steinmauern unterteilt war.* 9 **gezackt:** var. *spitz; zackig.* 11 **abschnitten:** var. *begrenzten.* 13 Var. *aber in so großer Ferne, daß.*

16 Die Ulme

Mehr als irgendeinem anderen Baum verdankt die englische Landschaft ihren Reiz der Ulme, nicht zum wenigsten im Winter oder im Vorfrühling, wenn das Maßwerk ihrer aufstrebenden Äste mit einem purpurroten Hauch von Blüten gekrönt wird. Dennoch ist dieser Baum ebenso gefährlich wie kostbar und wird oft zu einer Bedrohung, noch bevor die 5 Tage seines Verfalls einsetzen. Vor einigen Jahren war an einem ungemein heißen Septembertag der Tisch für das Mittagessen einer Jagdgesellschaft im Freien gedeckt. Der erlauchte Herr war bei der Rückkehr mit seinen Gästen entsetzt zu sehen, daß man den Tisch unter eine Ulme gestellt hatte. Da er ein aufmerksam beobachtender Landmann war, hielt er es 10 mit den Maximen von Kipling wie auch Jeffries, die die Feindseligkeit der Ulme den Menschen gegenüber betonen. Er befahl einen sofortigen Ortswechsel, was als ein unnötiges Übermaß an Vorsorge betrachtet wurde. Mitten während der Mahlzeit hörte man ein Krachen, und ein schwerer Ulmenast fiel gerade dort nieder, wo der Tisch gestanden hatte. 15

1–2 Var. *Der Ulme verdankt die englische Landschaft mehr als ...; Die englische Landschaft verdankt der Ulme ihren Reiz mehr als ...* 4 **Hauch:** var. *Schleier.* **gekrönt:** var. *bedeckt.* **Dennoch:** var. *Nichtsdestoweniger.* 6 **ungemein:** var. *besonders.* 8 **im Freien:** var. *draußen.* 9–10 Var.

daß der Tisch unter eine Ulme gestellt worden war. 10-11 Var. unterschrieb er die Maximen. 11 **wie auch:** var. und. 12 **betonen:** var. hervorheben. 13 Var. ein überflüssiges Maß (Ausmaß). **betrachtet:** var. angesehen. 14 Var. war ein Krachen zu hören; krachte es.

17 Das Gespenst

Ich blickte auf und sah eine große schöne Frau, welche die breite Treppe vor mir herabkam. Ihre Erscheinung fiel mir sofort auf, denn sie hatte solche Kleider an, wie ich sie noch nie gesehen hatte; sie erinnerten mich jedoch an die Bilder in alten Büchern, die ich in meiner Kindheit
5 zu lesen pflegte — Bilder von den Männern und Frauen, die vor sechzig oder siebzig Jahren lebten.

Die Dame kam bis zum Fuß der Treppe, und wie sie so langsam auf mich zukam, ging ich ihr einen Schritt entgegen, da ich unsicher war, wie ich ihr meine Gegenwart hier erklären sollte, aber doch sonderbarerweise
10 gar nicht verlegen darum, daß dies offenbar notwendig war. Mit einem entzückenden Lächeln sah sie mir in die Augen, ohne aber im geringsten zu zeigen, daß sie sich irgendwie meiner Gegenwart bewußt war, wodurch mir wieder klar wurde, daß ich für sie unsichtbar war, und ich trat zur Seite, um sie an mir vorbei zu der Tür zu meiner Linken gehen
15 zu lassen.

1 Var. und sah, wie eine schöne große Frau die Treppe ...; sah eine ... die Treppe vor mir herabkommen. 2 **Ihre Erscheinung:** var. Ihr Äußeres; Ihr Aussehen. Var. setzte mich sofort in Erstaunen. 3 **nie:** var. niemals. 7 Var. erreichte jetzt den Fuß. 9 **Gegenwart:** var. Anwesenheit. 10 Var. verlegen wegen der offenbaren (über die offenbare) Notwendigkeit, dies zu tun 11 **entzückenden:** var. holden. 12 Var. daß sie meine Gegenwart irgendwie wahrnahm. 13 Var. wodurch ich mir bewußt wurde, daß ich unsichtbar für sie war.

18 Arbeit

Es gibt zweierlei Arbeit: erstens, die **Lage der Materie** auf oder nahe der Erdoberfläche in Beziehung zu anderer ähnlicher Materie zu ändern; zweitens, anderen Leuten zu befehlen, dies zu tun. Die erste Art ist unangenehm und wird schlecht bezahlt; die zweite ist angenehm und wird sehr
5 gut bezahlt. Die zweite Art ist unbegrenzter Erweiterung fähig: es gibt nicht nur diejenigen, die Befehle erteilen, sondern auch noch diejenigen, die Ratschläge darüber geben, was für Befehle erteilt werden sollen. Gewöhnlich werden zwei entgegengesetzte Ratschläge gleichzeitig von

zwei organisierten Gruppen erteilt; dies nennt man Politik. Die Geschicklichkeit, die für diese Art Arbeit notwendig ist, beruht nicht auf Kenntnis der Gegenstände, über die Ratschlag erteilt wird, sondern auf Kenntnis der Überredungskunst in Wort und Schrift, d. h. der Reklame.

1 Var. *zwei Sorten (Arten) von Arbeit.* 2 **ändern:** var. *verändern.* 3 Var. *andere Leute zu beauftragen.* 5 **unbegrenzter:** var. *unendlicher.* 6 Var. *nur solche, die.* 6–7 Var. *noch solche, die Rat darüber erteilen ... gegeben werden sollen.* 8–9 Var. *von zwei organisierten Gruppen von Menschen (von zwei organisierten Körperschaften) gegeben.* 9–10 Var. *Die für diese Art Arbeit notwendige Geschicklichkeit.* 12 **Reklame:** var. *Werbung.*

19 Der Bart des Professors

„Hör mal, Inglés!" sagte Augustin. „Wie kamst du denn eigentlich nach Spanien? Hör nicht auf Pablo! Er ist betrunken."

„Das erstemal kam ich vor zwölf Jahren, um das Land kennenzulernen und die Sprache zu studieren", sagte Robert Jordan. „Ich unterrichte Spanisch an einer Universität."

„Du siehst ganz wie ein Professor aus", sagte Primitivo.

„Er hat keinen Bart", sagte Pablo. „Seht ihn doch mal an! Er hat ja keinen Bart!"

„Bist du denn wirklich ein Professor?"

„Ein Dozent."

„Aber du gibst doch Unterricht?"

„Ja."

„Aber warum denn Spanisch?" fragte Andres. „Wäre es nicht leichter, Englisch zu unterrichten, da du doch Engländer bist?"

„Er kann Spanisch genau so wie wir", sagte Anselmo. „Warum sollte er nicht Spanisch lehren?"

„Ja. Aber es ist doch irgendwie eine Anmaßung für einen Ausländer, Spanisch zu unterrichten", sagte Fernando. „Nichts für ungut, Don Roberto."

„Er ist kein richtiger Professor", sagte Pablo sehr selbstgefällig. „Er hat ja keinen Bart."

1 Var. *Wie bist du denn eigentlich nach Spanien gekommen; Wie bist du überhaupt nach.* 2 Var. *Kümmere dich nicht um Pablo; Hör nicht hin; was Pablo sagt; Beachte Pablo nicht* (here too educated). Var. *Er ist besoffen* (vulg.). 3 Var. *Vor 12 Jahren kam ich zum erstenmal; Ich kam das erstemal vor 12 Jahren.* 3–4 Var. *um Land und Sprache zu studieren.* 4–5 Var. *Ich gebe Spanischunterricht; Ich bin Dozent für Spanisch an einer Universität.* 7 Var. *Schaut ihn mal an; Schaut (Seht) ihn an.* 9 **wirklich:** vat. *tatsächlich.* 11 **gibst ... Unterricht:** var. *lehrst; (gibst Stunden* would be wrong here as it means

'coach'.) 15. Var. *Er spricht Spanisch genau so gut wie wir.* 17 Var. *irgendwie anmaßend von einem.* 18 **Nichts für ungut:** var. *Ich will aber nichts gegen dich gesagt haben.* 20 **kein richtiger:** var. *ein falscher.* Var. *sehr selbstzufrieden; mit sich selbst sehr zufrieden.*

20 Rast in der Wüste

Nacht brach über uns herein, während wir uns quer über Gießbachbetten und über sandige Hügel durcharbeiteten, und wir waren gezwungen, ganz plötzlich hart am Rande eines abschüssigen Hanges anzuhalten. Jeder Schritt dem Toten Meer entgegen hatte uns in eine immer ödere Land-
5 schaft geführt; und dieser Sandhügel, den wir gezwungen waren als unseren Ruheplatz zu wählen, war recht trostlos. Ein paar schlanke Grashalme, die hier und da einzeln durch den Sand stachen, waren bitterer Hohn für den Hunger unserer ermatteten Tiere, und mit dem kleinen übriggebliebenen Stückchen steinharten Ziegenkäses zum Abendbrot,
10 waren wir nicht viel besser dran als unsere Pferde; uns fehlte nämlich auch noch das Allernötigste zu einem freundlichen Biwak — ein Feuer! Außerdem war die Stelle, an der wir so plötzlich halten mußten, verhältnismäßig hoch und ungeschützt, und der Nachtwind blies heftig und kalt.

1 Var. *überraschte (überfiel) uns.* 3 **hart am Rande:** var. *am äußersten Rande.* **abschüssigen:** var. *steilen.* **anzuhalten:** var. *haltzumachen.* 4 Var. *nach dem Toten Meer zu.* 4–5 Var. *hatte ... Gegend gebracht.* 5–6 Var. *zu unserem Ruheplatz; zum Ruheplatz.* 6 Var. *war trostlos (öde) genug.* **Ein paar:** var. *Einige.* **schlanke:** var. *dünne; kümmerliche; spärliche; dürftige.* 7 Var. *die sich hier und da einzeln durch den Sand bohrten; die hier und da einzeln den Sand durchbrachen.* 8 **ermatteten:** var. *erschöpften; ermüdeten; abgekämpften.* 8 Var. *mit dem uns verbliebenen Brocken.* 10 Var. *ging es uns nicht viel besser als unseren Pferden.* 12 **halten mußten:** var. *anhalten (zum Stillstand kommen) mußten.* 13 **heftig:** var. *scharf; stark.*

21 Königin Viktoria in Deutschland

In einem anderen Jahre besuchten sie Deutschland, und Albert zeigte ihr die Schönheiten seiner Heimat. Als Viktoria die Grenze überschritt, war sie sehr aufgeregt — und sie war auch erstaunt. „Die Leute deutsch sprechen zu hören", trug sie in ihr Tagebuch ein, „und die deutschen
5 Soldaten usw. zu sehen, schien mir so einzigartig." Als sie sich aber von diesem leichten Schock erholt hatte, fand sie das Land entzückend. Sie wurde überall gefeiert, eine ganze Menge von königlichen Personen der Umgebung stürzte sich auf sie, um sie willkommen zu heißen, und die

reizendsten Gruppen von Kindern, alle in ihren besten Kleidern, überreichten ihr Blumensträuße. Das Fürstentum Sachsen-Coburg-Gotha mit 10
seiner romantischen Landschaft und seinen wohlerzogenen Bewohnern
entzückte sie ganz besonders; und als sie eines Morgens aufwachte und
sich im „geliebten Rosenau, dem Geburtsort meines Alberts" befand, war
es „wie ein wunderschöner Traum." Nach ihrer Heimkehr ließ sie sich
höchst ausführlich in einem Brief an König Leopold über die Vergnügungen 15
der Reise aus, wobei sie die Stärke ihrer Zuneigung zu Alberts Heimatland
immer wieder besonders betonte.

1 Var. *wurde Deutschland besucht.* 1-2 Var. *führte die Schönheiten vor.*
3 **erstaunt:** var. *überrascht.* **Die Leute:** var. *Das Volk.* 4 **trug ... ein:**
var. *schrieb.* 5 **einzigartig:** var. *ungewöhnlich.* 5-6 Var. *Aber sie fand
das Land entzückend, nachdem sie sich ... hatte.* 8-9 Var. *die
entzückendsten (hübschesten) Gruppen.* 10-12 Var. *Das Fürstentum ...
gefiel ihr ganz besonders.* 15 **ausführlich:** var. *weitläufig.* 16 **Reise:**
var. *Tour* (modern). 16-17 Var. *wobei sie immer auf ihre große Zuneigung
... ganz besonders hinwies.*

22 Faust

In solcher Stimmung und unter solchen Umständen unternimmt Faust
seine Abenteuer. Ihn dürstet nach aller Erfahrung, einschließlich aller
Erfahrung des Bösen; er fürchtet keine Hölle, und er hofft auf keine
Glückseligkeit. Er vertraut auf Magie, d.h. er glaubt oder ist bereit so zu
tun, als ob er glaube, daß ganz abgesehen von allen festen von der Natur 5
oder von Gott gestellten Bedingungen persönlicher Wille schon durch seine
Kraft und Zuversicht allein das begehrte Erlebnis hervorrufen kann. Sein
Pakt mit Mephistopheles ist ein Ausdruck dieses romantischen Glaubens.
Irdische Freuden mit Höllenqualen im Jenseits zu erkaufen ist kein guter
Handel; denn weder Goethe noch Faust noch Mephistopheles glauben, 10
daß solche Vergnügungen der Mühe wert oder solche Höllenqualen möglich seien.

1 **Stimmung:** var. *Gemütsverfassung.* 2 Var. *Er lechzt (dürstet) nach.*
3 Var. *schrickt vor keiner Hölle zurück.* 4 **Glückseligkeit:** var. *Seligkeit.*
Magie: var. *Zauberei.* 4-5 Var. *bereit vorzugeben (vorzutäuschen), als ob.*
6 **gestellten:** var. *vorgeschriebenen, auferlegten.* 7 **hervorrufen:** var.
zustande bringen. Var. *die begehrte Erfahrung herbeiführen kann.* 9-10
Var. *Es ist kein guter Handel, Vergnügungen hier für den Preis von
Höllenqualen im Jenseits zu erkaufen (erstehen, kaufen); Vergnügungen
hier gegen Höllenqualen im Jenseits einzutauschen; irdische Freuden mit
Qualen im Jenseits zu bezahlen.* 11 Var. *daß ... der (die) Mühe lohnen.*
12 **seien:** var. *sind.*

23 Der Ausweg

„Was soll ich dir vorlesen, Onkel Hector?" fragte Jasmine, als alles ruhig im Hause war.

„Ja, ich weiß eigentlich nicht was", sagte er. „Ich glaube nicht, daß heutzutage noch irgend etwas lesenswert ist. Ich mag diese modernen Schriftsteller nicht. Ich verstehe sie nicht. Aber wenn sie als Patienten zu mir kämen, wüßte ich schon, was ich ihnen verschreiben müßte."

„Soll ich dir etwas von Dickens vorlesen?" schlug Jasmine vor.

„Es lohnt sich kaum, so spät am Abend einen langen Roman anzufangen."

„Ich könnte dir ,Das Weihnachtslied' vorlesen."

„Ach, das weiß ich ja auswendig", sagte Sir Hector.

„Ja, was soll ich dir denn vorlesen? Soll ich etwas aus Thackerays ,Buch der Snobs' vorlesen?"

„Nein, das weiß ich auch auswendig", sagte Sir Hector.

„Wenn du moderne Schriftsteller nicht magst und wenn du alle anderen Schriftsteller auswendig weißt ..."

„Nun gut, wenn du schon etwas vorlesen willst", sagte endlich Sir Hector, als ob er einem verwöhnten Kind seinen Willen ließe, „so könntest du mir lieber die Rede vorlesen, die Herr Balfour gestern abend im Unterhaus gehalten hat."

1 Var. *Was möchtest du vorgelesen haben; Was möchtest du, daß ich dir vorlese.* 1-2 Var. *als es still im Hause war.* 3-4 Var. *daß es heutzutage noch etwas Lesenswertes gibt.* 4-5 Var. *Ich halte nichts von diesen modernen Schriftstellern.* 6 Var. *was ich ihnen verschreiben würde; was ich ihnen zu verschreiben hätte.* 7 Var. *aus Dickens Werken.* 8 Var. *So spät am Abend lohnt es sich kaum, einen.* 11 Var. *das kann (kenne) ich ja.* 12 Var. *Soll ich dir etwas.* 15 Var. *Wenn dir moderne ... nicht gefallen.* 16 **weißt**: var. *kennst; kannst.* 18 Var. *Kind nachgeben wollte.* 18-19 Var. *so wäre es besser, mir ... vorzulesen; so tätest du besser, mir ...* (old-fashioned).

24 Revolutionen in Deutschland

In Deutschland hat es niemals eine erfolgreiche revolutionäre Bewegung gegeben, die auf dem Wunsch nach politischer und sozialer Freiheit beruhte. Die Revolution von 1848 kostete wenige Menschenleben und scheiterte aus Mangel an Willenskraft und einheitlichem Ziel. Die vom November 1918 war zum großen Teil das Ergebnis von Niederlage und Kriegsmüdigkeit, und als sie stattfand, kam es den republikanischen Parteien mehr darauf an, innenpolitische Ordnung zu sichern als die Macht der herrschenden Klassen des kaiserlichen Deutschland zu brechen. Die Ehrfurcht vor dem Heer als dem einen großen Werkzeug nationaler Einheit, erhaben über alle sozialen, religiösen und politischen Unterschiede, deren die Deutschen sich außerordentlich bewußt waren, überlebte die Revolution und brachte die Hinnahme einer hierarchischen Gesellschaft mit sich, in welcher Führung die Aufgabe einer Offizierklasse war, sei es im Heere, sei es im Staatsdienst, in der Landwirtschaft oder in der Industrie.

2 **Wunsch:** var. *Verlangen.* Var. *die sich auf den ... aufbaute; die dem ... entsprang; die auf dem ... basierte.* 3–4 Var. *scheiterte, weil sie kein einheitliches Ziel und keine Willensstärke besaß.* 5 **Ergebnis:** var. *Resultat.* 6 **stattfand:** var. *sich ereignete.* 6–8 Var. *lag den ... mehr daran; zielten die ... mehr darauf; waren die ... mehr auf die Sicherung der innenpolitischen Ordnung bedacht, als darauf, die Macht ... zu vernichten.* 9 **Werkzeug:** var. *Instrument.* 10 **Unterschiede:** var. *Verschiedenheiten.* 13 Var. *in welcher der Offizierklasse die Führung oblag; in welcher es Sache (die Funktion) der Offizierklasse war, die Führung zu übernehmen (war, Führung auszuüben); ... in welcher die Führung.*

25 Nach dem Wortwechsel

Einen Augenblick lang sah sie ihn mit tiefstem Mitleid an. Dann füllten sich ihre Augen mit Tränen. Sie verbarg das Gesicht in den Händen und ging schnell aus dem Zimmer. Der Mann ging einen Schritt vorwärts, wie um ihr zu folgen. Aber er schien zu begreifen, daß jede weitere Auseinandersetzung fruchtlos und selbst Trost in diesem Augenblick unangebracht sein würde. Er ging wieder zum Kamin zurück und setzte sich. Einige Sekunden lang starrte er ins Feuer, und dann nahm er gleichsam lässig mit nur einer Hand eine Nummer einer illustrierten Zeitschrift von einem Tisch an seiner Seite. Als er die Seiten umwandte, sah ich mir seltsam erscheinende Fotografien von bärtigen Generälen, von Pferden, die im wilden Galopp lange Züge kleiner altmodischer Kanonen zogen, von veralteten Kriegsschiffen und von königlichen Personen. Der Mann sah diese Fotografien aufmerksam an, und als er bei der Durchsicht der Zeitschrift auf eine militärische Werbeanzeige stieß, betrachtete er sie eine Weile in Gedanken versunken.

1 **tiefstem:** var. *größtem.* 1–2 Var. *Dann kamen ihr Tränen in die Augen.* 2 Var. *Sie bedeckte ... mit den Händen.* 3 Var. *machte (tat) einen Schritt.* 3–4 Var. *als wollte er ihr folgen, als ob er ... wollte.* 4 Var. *Aber es schien ihm klar zu werden.* 5 **fruchtlos:** var. *aussichtslos.* **Trost:** var. *Trösten, Tröstung.* 5–6 **unangebracht:** var. *ungelegen; nicht angebracht.* 6 Var. *setzte sich hin* (not: *nahm Platz!*). 9 Var. *ihm zur Seite.* **umwandte:** var. *umblätterte; in den Seiten blätterte.* **sah:** var. *erblickte; bemerkte.* 9–10 Var. *sah ich, wie mir schien, seltsame Fotografien.* 13 **aufmerksam:** var. *gespannt.* **bei der Durchsicht:** var. *beim Durchlesen.* 14–15 Var. *sie nachdenklich eine Weile lang.*

26 Der Leuchtturm

So schön war der Morgen — abgesehen von einem Windhauch hier und da —, daß das Meer und der Himmel wie aus einem Stoff gemacht aussahen, als steckten Segel hoch oben am Himmel, oder als wären die Wolken herunter ins Meer gefallen. Ein Dampfer weit draußen auf
5 dem Meer hatte einen großen Rauchschnörkel in die Luft gezeichnet, der dort stehenblieb und sich dekorativ wölbte und drehte, als wäre die Luft ein feiner Schleier, der die Dinge umschloß und sie sanft in seinen Maschen bewahrte, sie nur sachte hin und her schwingend. Und wie es manchmal geschieht, wenn das Wetter sehr schön ist, sahen die Klippen
10 aus, als ob sie sich der Schiffe, und die Schiffe sahen aus, als ob sie sich der Klippen bewußt wären, als ob sie einander eine eigene geheime Botschaft übermittelten. Denn, obgleich der Leuchtturm manchmal ganz nahe an der Küste zu stehen schien, sah er an diesem Morgen in dem Dunst aus, als wäre er ungeheuer weit entfernt.

2-3 Var. *aus dem gleichen Material gemacht zu sein schienen.* 3 Var. *als hingen (klebten) Segel ... Himmel; als wären Segel ... Himmel befestigt; als ob Segel ... Himmel steckten (hingen, klebten; befestigt wären).* 3-4 Var. *oder als ob die Wolken ... gefallen wären.* 4 **Dampfer:** var. *Schiff.*
7 **Schleier:** var. *Flor.* **umschloß:** var. *bewahrte; einhüllte; umhüllte.*
8 **schwingend:** var. *bewegend.* 12 **Botschaft:** var. *Nachricht.* 12-13 Var. *Denn der Leuchtturm, der manchmal ganz nahe an der Küste war, sah ... aus.* 13 **stehen:** var. *sein.* 14 **ungeheuer:** var. *ganz.*

27 Deutschland vor dem Dreißigjährigen Kriege

Deutschland war ein Netz von Landstraßen, das an den Schnittpunkten durch die großen Abrechnungshäuser in Frankfurt am Main, Frankfurt an der Oder, Leipzig, Nürnberg und Augsburg zusammengeknotet war. Westindischer Zucker erreichte Europa über die Zuckerraffinerien in
5 Hamburg, russische Pelze kamen von Leipzig, gesalzene Fische von Lübeck, orientalische Seiden und Gewürze von Venedig über Augsburg; Kupfer, Salz, Eisen, Sandstein und Getreide wurden die Elbe und die Oder hinuntergeschifft, spanische und englische, in Deutschland gewebte Wolle konkurrierte auf den europäischen Märkten mit spanischem und
10 englischem Tuch, und das Holz, aus dem die Armada gebaut wurde, wurde von Danzig aus verfrachtet. Die beständige Durchreise von Kaufleuten, das Kommen und Gehen von Fremden hatten die Entwicklung Deutschlands stärker beeinflußt als irgendeine einzige andere Ursache. Auf dem Handel beruhte seine Existenz, und seine Städte lagen dichter beieinander als die
15 irgendeines anderen Landes in Europa. Die Kultur Deutschlands konzentrierte sich in der Kleinstadt, aber die Tätigkeit seiner Händler, der Zu-

drang von Ausländern zu den Messen von Leipzig und Frankfurt zogen das Interesse der Deutschen nach außen, fort von ihrem eigenen Lande.

1 **Landstraßen:** var. *Straßen.* 4 Var. *Zucker kam nach Europa.* 11 **verfrachtet:** var. *verschifft.* **Durchreise:** var. *Durchfahrt.* 12 **Fremden:** var. *Ausländern.* 13–14 Var. *Es lebte vom Handel; Vom Handel hing seine Existenz ab.* 15 **irgendeines:** var. *jedes.* 18 Var. *von ihrem eigenen Lande fort.*

28 Überall zu Hause

„Angenehmer Ort, Rom", murmelte er, „es wird dir dort gefallen." Erst einige Minuten später fügte er hinzu: „Aber ich würde an deiner Stelle nicht gerade jetzt dorthin fahren, zu barbarisch heiß da!"
„Waren *Sie* denn schon einmal in Rom?" fragte ich.
„Freilich", antwortete er kurz. „Ich wohne dort ... "
„Aber Sie wohnen doch nicht wirklich dort?"
„Nun", sagte er, „ich wohne dort so gut wie irgendwo. Manchmal etwa das halbe Jahr. Ich habe so eine Art von Bretterbude da. Du mußt mal kommen und sie dir ansehen."
„Aber Sie wohnen doch auch noch woanders?" fragte ich weiter.
„Oh ja, hier und da und überall", war seine vage Antwort. „Und ich habe eine Bude irgendwo in der Gegend von Piccadilly."
„Wo ist das?" fragte ich.
„Wo ist was?" sagte er. „Oh, Piccadilly! Das ist in London."
„Haben Sie einen großen Garten?" fragte ich; „und wieviel Schweine haben Sie?"
„Ich habe überhaupt keinen Garten", erwiderte er traurig, „und ich darf auch keine Schweine halten, obgleich ich das schrecklich gern täte. Das ist sehr hart."

1 Var. *Angenehmes Fleckchen Erde, dies Rom.* Var. *Du wirst gern dort sein.* 2. Var. *Einige Minuten später erst.* 3 **barbarisch:** var. *verflucht.* 4 Var. *Sind Sie denn schon mal in Rom gewesen?; Aber Sie sind doch noch nicht in Rom gewesen, nicht wahr?* 5 Var. *Doch, ja* (only after immediately preceding variant). 7 Var. *so gut wie auch anderswo.* 7–8 Var. *Manchmal beinahe das halbe Jahr.* 8 **Bretterbude:** var. *Holzbude; Holzbaracke; Holzhütte.* 10 Var. *fuhr ich fort.* 11 **vage:** var. *unbestimmte.* 12 **Bude:** var. *Bleibe* (old-fashioned); *Unterkunft.* 17 **erwiderte:** var. *antwortete; entgegnete.* 18 Var. *gern tun würde.* 19 Var. *Das ist sehr schade (schlimm).*

29 Das Leben

Das Leben, zu allen Zeiten voller Schmerz, ist zu unserer Zeit noch schmerzvoller als in den zwei Jahrhunderten, die ihr vorausgingen. Der

Versuch, dem Schmerz zu entgehen, treibt die Menschen zur Trivialität, zum Selbstbetrug, zur Erfindung von ungeheuren Kollektivmythen. Aber
5 diese vorübergehenden Linderungen tun weiter nichts als die Quellen des Leides auf die Dauer zu vermehren. Sowohl privates als auch öffentliches Unglück lassen sich nur dadurch bewältigen, daß Wille und Intelligenz gegenseitig aufeinander einwirken: die Rolle des Willens ist es, sich zu weigern, dem Übel aus dem Wege zu gehen oder sich mit einer unwirk-
10 lichen Lösung abzufinden, während es die Rolle der Intelligenz ist, das Übel zu verstehen, eine Kur zu finden, wenn es heilbar ist, und wenn nicht, es dadurch erträglich zu machen, daß man es in seinen Beziehungen zum Ganzen sieht, es als unvermeidlich hinnimmt und sich an das erinnert, was außerhalb desselben in anderen Gegenden, in anderen Zeitaltern und in
15 den Abgründen des interstellaren Raumes liegt.

2 **schmerzvoller:** var. *schmerzlicher.* **vorausgingen:** var. *vorangingen.*
3 **entgehen:** var. *entrinnen.* 6 Var. *auf die Dauer vermehren.* 7 **bewältigen:** var. *meistern.* **Intelligenz:** var. *Verstand.* 8 Var. *sich wechselseitig beeinflussen.* 9 Var. *dem Übel auszuweichen (sich ... zu entziehen).*
9–10 Var. *oder mit ... vorliebzunehmen.* 13 **sich an das erinnert:** var. *sich vergegenwärtigt; in Betracht zieht.* 14 **desselben:** var. *seiner.*
Gegenden: var. *Regionen.* 15 Var. *des Sternenraums.*

30 Der Premierminister

Unterdessen berichtete Monostatos der Königin, was geschehen sei. Er begann damit, sich über Papageno zu beklagen, wie er es schon so oft getan hatte. Aber in diesem Punkt war die Königin unnachgiebig. Sie sagte, sie habe Papageno gern, und das sei schließlich alles; wenn er sich
5 ungehörig benehme, so müsse man sich halt damit abfinden. So zuckte Monostatos die Achseln und ging zu wichtigeren Angelegenheiten über. Da er ein tüchtiger und ehrgeiziger Mann war, hatte er keine Geduld mit diesem ganzen Kapitel über die Liebe, in das sich einzumischen man von ihm erwartete. Macht war sein Ziel, und wie er wohl wußte, war der sicherste
10 Weg zur Macht der Krieg. Er schlug daher der Königin vor, daß er die Waffen gegen Sarastro ergreifen sollte, indem er so tat, als ob er ihn auf diese Weise dazu zwingen könne, Pamina freizugeben. Da er ein intelligenter Mann war, wußte er, daß dies natürlich Unsinn war; denn er wußte, daß Sarastro nicht auf diese Weise kämpfen würde und daß Pamina so auch
15 nicht zu gewinnen sei. Aber er wußte auch, daß die Königin, da sie romantisch war, den Krieg liebte, daß sie glauben würde, die gerechte Sache müsse triumphieren und daß sie sicher sein würde, daß ihre Sache gerecht sein müsse.

1 **Unterdessen:** var. *Währenddessen.* 2 Var. *wie er es vorher schon oft.*
3 Var. *In diesem Punkt aber.* **unnachgiebig:** var. *eigensinnig; stur* (fam.).
4 Var. *sagte, Papageno gefiele ihr.* Var. *und damit fertig (Schluß); und*

damit basta (fam.); *und das sei das Ende des Liedes.* 5 Var. *so müsse man es halt hinnehmen; so lasse sich das nicht ändern; so könne man halt nichts machen.* 6 Var. *begann über wichtigere ... zu sprechen.* 7 **tüchtiger**: var. *fähiger.* 8-9 Var. *man ihm zumutete; in das er sich nun einmischen sollte.* 12 **freizugeben**: var. *auszuhändigen.* 15 Var. *nicht gewonnen werden könnte.* 15-16 Var. *da sie romantisch veranlagt war.* 17 Var. *und daß sie fest davon überzeugt sein würde.*

31 Der Engländer

Von Natur aus ist der Engländer weder ein Missionar noch ein Eroberer. Er zieht das Land der Stadt und die Heimat dem Ausland vor. Er ist irgendwie froh und ist erleichtert, wenn Einheimische nur Einheimische und Fremde nur Fremde bleiben, und zwar in einem beruhigenden Abstand von ihm selbst. Nach außen hin ist er jedoch höchst gastfreundlich und akzeptiert vorläufig erst einmal beinahe jeden; er geht auf Reisen und erobert ohne festen Plan, weil er den Instinkt für Entdeckungen hat. Seine Abenteuer sind alle äußerlich; sie ändern ihn so wenig, daß er sich nicht vor ihnen fürchtet. Er trägt sein englisches Wetter im Herzen, wohin er auch geht, und es wird zu einem kühlen Winkel in der Wüste und zu einem beständigen und vernünftigen Orakel inmitten der Delirien der Menschheit. Niemals seit der heroischen Zeit Griechenlands hat die Welt einen so liebenswürdigen, gerechten, jungenhaften Herrn gehabt. Es wird ein schwarzer Tag für die Welt sein, wenn es wissenschaftlichen Schurken, Verschwörern, Flegeln und Fanatikern gelingt, ihn zu verdrängen.

1 **Von Natur aus**: var. *Instinktiv.* 3 **Einheimische**: not *Eingeborene.* 4 **Fremde**: var. *Ausländer.* 5 **Nach außen hin**: var. *Äußerlich.* 5-6 Var. *nimmt zuerst einmal zeitweilig beinahe jeden an; läßt vorläufig erst einmal beinahe jeden gelten.* 6 Var. *ohne vorgefaßten (vorherbeschlossenen, vorherbestimmten) Plan; ohne vorhergefaßte Absicht.* 8-9 Var. *daß er keine Angst vor ihnen hat.* 11 **beständigen**: var. *zuverlässigen; unerschütterlichen; steten.* 11 Var. *inmitten all der Delirien; mitten im Fieberwahn.* 13 **liebenswürdigen**: var. *reizenden; netten* (fam.). 14 **Welt**: var. *menschliche Rasse.* (The Germans now fight shy of the word *Rasse.*) **Schurken**: var. *Schuften; Lumpen.* 15 Var. *ihn aus dem Sattel zu heben; ihn auszustechen.*

32 Der Angestellte

„Ich kannte einen Mann", sagte die Stimme, „und er war ein Angestellter. Er verdiente dreißig Schilling in der Woche und hatte fünf Jahre lang keinen Tag versäumt, zur Arbeit zu gehen. Er war ein sparsamer Mann, aber einer, der eine Frau und vier Kinder hat, kann nicht viel von dreißig Schilling in der Woche sparen. Die Miete eines Hauses ist hoch, eine Frau und vier Kinder müssen ernährt werden und müssen Schuhe und Kleider

haben, so daß am Ende jeder Woche die dreißig Schilling dieses Mannes
immer verbraucht waren. Aber es gelang ihnen doch, irgendwie aus-
zukommen — der Mann und seine Frau und die vier Kinder wurden
ernährt, gekleidet und erzogen, und der Mann fragte sich oft, wie so viel
mit so wenig Geld getan werden konnte; aber der Grund dafür war,
daß seine Frau sparsam war ... und dann wurde der Mann krank. Ein
armer Mensch kann es sich nicht leisten, krank zu werden, und ein ver-
heirateter Mann kann seine Arbeit nicht im Stich lassen. Wenn er krank
ist, so muß er eben krank sein, aber trotzdem muß er zur Arbeit gehen,
denn wer würde seinen Lohn zahlen und seine Familie ernähren, wenn
er fortbliebe? Und wenn er später zu seiner Arbeit zurückkam, könnte er
wohl finden, daß es nichts mehr für ihn zu tun gab."

3 Var. *niemals einen Tag versäumt, zur Arbeit zu gehen; keinen Tag bei der
Arbeit gefehlt.* 5 **in der Woche:** var. *pro Woche.* 6 Var. *Kinder müssen
zu essen haben.* 8 **verbraucht waren:** var. *alle waren; ganz ausgegeben
waren.* 8–9 Var. *sich irgendwie zu behelfen.* 11 Var. *Geld erreicht
werden konnte.* 13 Var. *es sich nicht erlauben.* 14 Var. *kann nicht
einfach von seiner Arbeit fortbleiben; kann seine Arbeit nicht einfach liegen
lassen.* 15 Var. *muß er halt krank sein.* 17 **zurückkam:** var. *zurückging.*
18 **finden:** var. *erleben.*

33 Humpty Dumpty

Es entstand eine lange Pause.
„Ist das alles?" fragte Alice schüchtern.
„Das ist alles", sagte Humpty Dumpty. „Auf Wiedersehen!"
Dies war aber plötzlich, dachte Alice; aber nach so einem Wink mit
dem Zaunpfahl, daß sie gehen sollte, fühlte sie, daß es kaum höflich
gewesen wäre, noch zu bleiben. So stand sie auf und streckte die Hand aus.
„Auf Wiedersehen denn, bis wir uns wieder treffen", sagte sie dann, so
heiter wie sie nur konnte.
„Ich würde dich nicht erkennen, selbst wenn wir uns treffen sollten",
antwortete Humpty Dumpty in unzufriedenem Ton, indem er ihr einen
seiner Finger zum Abschied reichte. „Du siehst genau so aus wie alle
anderen Leute."
„Man erkennt Leute gewöhnlich an ihrem Gesicht", bemerkte Alice
nachdenklich.
„Das ist es ja gerade, worüber ich mich beklage", sagte Humpty
Dumpty. „Du hast ein Gesicht wie jeder andere auch — die beiden Augen
so — " (er bezeichnete die Stellen in der Luft mit dem Daumen) „die Nase
in der Mitte, den Mund darunter. Es ist immer dasselbe. Wenn du nun
zum Beispiel die beiden Augen auf derselben Seite von der Nase hättest —
oder den Mund oben —, so würde das wenigstens etwas helfen."
„Es würde aber nicht hübsch aussehen", wandte Alice ein. Aber
Humpty Dumpty schloß nur die Augen und sagte: „Warte, bis du es
versucht hast!"

1 Var. *Dann gab es eine ...* 2 **schüchtern:** var. *zaghaft.* 4 Var. *Dies kam etwas plötzlich; Dies war ziemlich (etwas, ganz) unerwartet.* 4-5 Var. *nach einem solchen Wink mit dem Zaunpfahl; nach einer so unverkennbaren Andeutung.* 8 **heiter:** var. *fröhlich; ungezwungen.* Var. *wie nur möglich; heiter sie nur konnte.* 11 **reichte:** var. *gab.* 16-18 Var. *Dein Gesicht ist wie jedes andere ... der Mund.* 21 **hübsch:** var. *schön.*

34 Der Beginn einer neuen Epoche

Mit wenigen Ausnahmen begrüßten die geistigen Wortführer Deutschlands den Sturz des Absolutismus als Segen für Frankreich und als Vorzeichen für die deutsche Freiheit; aber die schnelle Veränderung des Charakters der Bewegung hatte einen Umschwung in der Stimmung unter den Zuschauern zur Folge, und Männer wie Klopstock, die als erste 5 Beifall geklatscht hatten, schleuderten jetzt ihre Donnerkeile gegen die Wilden an der Seine. Nach dem Ausbruch des Krieges, dem Blutbad des September und der Hinrichtung des Königs erhoben sich nur wenige Stimmen zugunsten französischer Grundsätze. Die Eindrücke, die die Ereignisse von 1789 hervorgerufen hatten, wurden jedoch nie verwischt; 10 denn Untertanen hatten hoffen, Herrscher sich fürchten gelernt. Außerdem bewies das Fehlschlagen von Braunschweigs Einfall, daß die Revolution nicht mit ausländischen Waffen unterdrückt werden konnte. Am Abend nach der Schlacht bei Valmy fragte man Goethe, der Karl August von Weimar an die Front begleitet hatte, was er von der Lage halte. „Von hier 15 und heute geht eine neue Epoche der Weltgeschichte aus", erwiderte er, „und ihr könnt sagen, ihr seid dabei gewesen." (Words spoken by Goethe. See his '*Campagne in Frankreich*' — *Den 19. September Nachts.*)

2-3 Var. *als Anzeichen der kommenden deutschen Freiheit.* 3-4 Var. *aber der schnellen Veränderung des Charakters der Bewegung folgte ein Umschwung der Stimmung ...* 6 **geklatscht hatten:** var. *gezollt (gespendet) hatten; beifällig zugestimmt hatten.* 9-10 Var. *Die durch die Ereignisse ... hervorgerufenen (verursachten) Eindrücke wurden jedoch nie völlig getilgt (ausgemerzt).* 12 **Fehlschlagen:** var. *Mißlingen.* **Einfall:** var. *Invasion.* 13 Var. *Waffen zu unterdrücken war.* 15 Var. *wie er die Lage beurteile.* 15-17 Var. *Hier und heute beginnt eine ... Weltgeschichte und ihr könnt stolz (darauf) sein, ihren Beginn miterlebt zu haben; bei den Geburtswehen einer neuen Epoche d.W. zugegen gewesen zu sein.*

35 Regen in den Ferien

Obgleich ihr Zimmer nach hinten hinaus auf die Kiefernwälder ging, hatte es einen Balkon. Sie pflegten sich aus dem Salon fortzustehlen und die langen regnerischen Nachmittage in ihrem Zimmer zu verbringen. Sie legten

sich hin und deckten sich mit Mänteln zu, ließen das Fenster offen,
5 rochen das nasse Holzwerk und hörten die Dachrinne laufen. Abwechselnd
lasen sie einander aus den Tauchnitzromanen vor, die sie in Luzern
gekauft hatten. Alles zum Tee, der kleine Kocher und eine Flasche mit
violettem Spiritus standen auf der wackligen Kommode zwischen ihren
Betten, und um vier Uhr machte Portia immer Tee. Sie aßen bissenweise
10 abwechselnd Tafelschokolade und Brioches. Ansichtskarten, die sie gern
hatten, und Irenes und Portias Skizzen waren an die Kiefernholzwände
gesteckt; Strümpfe, die sie gerade gewaschen hatten, waren auf dem
Heizkörper zum Trocknen ausgebreitet, obgleich die Heizung abgestellt
war. Manchmal hörten sie eine Kuhglocke in der nebeldichten Ferne,
15 oder Leute, die im Zimmer nebenan Deutsch sprachen. Ziemlich oft
hörte der Regen zwischen fünf und sechs auf, nasses Licht sickerte an den
Stämmen der Kiefern herunter. Dann rollten sie sich von ihren Betten
herunter, zogen die Schuhe an und gingen die Dorfstraße hinunter zu
dem Punkt, wo man einen Blick über den See hatte.

2–3 Var. *Sie stahlen sich immer vom Wohnzimmer fort und verbrachten.* 3
regnerischen: var. *verregneten.* 4 Var. *sich auf ihre Betten, mit
Mänteln zugedeckt; Dann legten sie sich nieder mit Mänteln
zugedeckt; legten sie sich, mit Mänteln zugedeckt, nieder (auf ihre
Betten).* 5 Var. *rochen den Duft des nassen Holzwerks.* 5 Var. *und* can
be replaced by a comma. 5–7 Var. *aus den in Luzern gekauften Tauchnitzromanen vor; Abwechselnd lasen sie sich die in ... vor.* 7 **Alles zum**.
Tee: var. *Die Teesachen.* 10 **Tafelschokolade:** var. *Blockschokolade.*
11–12 Var. *waren mit Reißnägeln (Stecknadeln) an die.* 12 Var. *soeben
gewaschene Strümpfe.* 12–13 Var. *auf den ... Heizkörper ... hingelegt,
obwohl.* 15 Var. *Leute im Zimmer nebenan, die Deutsch sprachen.* 16
sickerte: var. *glitt.* 17–18 Var. *Dann rollten sie sich aus den Betten
heraus.* 19 **über:** var. *auf.*

36 Vor der Schule

Ich stand vor einem großen Gebäude aus roten Backsteinen, das augenscheinlich eine Schule war. Vor mir strömten Jungen und Mädchen durch
zwei oder drei überfüllte Ausgänge hinaus auf den schwarzen Asphalt-
schulhof, wobei sie sich drängten, schrien, einander stießen, lachten, kleine
5 Gruppen bildeten oder über den harten schwarzen Boden hin und her
flitzten. Hinter mir ging eine rote Wintersonne gerade unter und war nun
dem Horizont nahe, so daß, da ich oben auf einer kurzen Treppe stand und
den Schulhof übersah, mein Schatten ungeheuer vergrößert zu sein schien
und hart und scharfumrissen quer über den Asphalt und die eifrigen
10 Körper und Gesichter der Kinder fiel. Die Tür, die mir am nächsten war,
schien ausschließlich beschränkt auf den Gebrauch für Jungen, und fast
alle diejenigen, die aus dieser Tür herauskamen, gingen durch meinen
Schatten hindurch oder an ihm entlang. Einige von diesen sahen manchmal

plötzlich auf, nach mir hin, beinahe so, als seien sie einen Augenblick
lang aufgescheucht worden, aber keiner von ihnen gab mir irgendein 15
Zeichen des Erkennens.

1-2 **augenscheinlich**: var. *offensichtlich*. 3 **überfüllte**: var. *verstopfte*.
4-5 Var. *lachten, sich zu kleinen Gruppen formend (kleine Gruppen bildend)*.
6 **flitzten**: var. *schossen; pfeilschnell rannten*. 6-7 Var. *war nun nahe am Horizont*. 11 Var. *schien ausschließlich auf ... Jungen beschränkt; schien ausschließlich Jungen zum Gebrauch zu dienen; schien zum ausschließlichen Gebrauch für Jungen bestimmt*.

37 Besuch in der Nacht

Der Schall seiner Schläge hallte durch das Haus mit dünnem gespensterhaftem Echo, als wäre es ganz leer; kaum aber war dieses verhallt, als ein gemessener Tritt näher kam, ein Paar Riegel zurückgeschoben wurden und ein Türflügel weit aufgetan wurde, als wäre denen da drinnen keine Arglist oder Angst vor Arglist bekannt. Ein Mann von hoher Gestalt, 5
muskulös und hager, jedoch ein wenig gebeugt, stand Villon gegenüber.
Sein Kopf war massiv, aber fein gemeißelt; die Nase war unten stumpf, verfeinerte sich aber nach oben, wo sie sich mit einem Paar buschiger, ehrlicher Augenbrauen vereinigte; Mund und Augen waren von zarten Fältchen umgeben, und das ganze Gesicht ruhte auf einem dichten weißen 10
Bart, der kühn und viereckig gestutzt war. Beim flackernden Licht einer Handlaterne betrachtet, sah es vielleicht edler aus, als es von Rechts wegen hätte aussehen sollen; jedoch war es ein vornehmes Gesicht, eher ehrenwert als intelligent; kräftig, einfach und rechtschaffen.

1 Var. *echote ... gespensterhaftem Widerhall*. 2 **wäre**: var. *sei*. Var. *aber kaum*. 4 **aufgetan**: var. *geöffnet; aufgemacht*. 5 Var. *Ein hochgewachsener Mann*. **Gestalt**: var. *Statur*. 7 **gemeißelt**: var. *geschnitten*. 8 Var. *verjüngte sich aber (wurde aber feiner) nach oben (der Stirn zu)*. 9 **ehrlicher**: var. *anständiger; richtiger*. 11-12 Var. *Wie man es beim ... betrachtete, sah*. 12-13 Var. *als es wirklich hätte aussehen dürfen; als es ein Recht dazu hatte, auszusehen*. 13 **vornehmes**: var. *feines*.
14 **intelligent**: var. *klug*. **rechtschaffen**: var. *anständig*.

38 Ratschlag für Ausländer

Wenn Sie Englisch lernen wollen, weil Sie die Absicht haben, in England zu reisen, und wünschen, dort verstanden zu werden, versuchen Sie nicht, perfekt Englisch zu sprechen, denn niemand wird Sie verstehen, wenn Sie das tun.
    Kein Ausländer kann je genau so wie ein Einheimischer die Silben 5
betonen und die Stimme sich in Frage und Antwort, Behauptung und

Verneinung, Weigerung und Zustimmung heben und senken lassen. Das erste also, was Sie tun müssen, ist, mit einem starken ausländischen Akzent zu sprechen, und zwar gebrochen Englisch, d.h. Englisch ohne Gramma-
10 tik. Dann wird jeder Engländer, mit dem Sie sprechen, sofort wissen, daß Sie Ausländer sind, und versuchen, Sie zu verstehen und bereit sein, Ihnen zu helfen. Er wird nicht erwarten, daß Sie höflich sind und komplizierte grammatische Wendungen gebrauchen. Er wird an Ihnen interessiert sein, weil Sie ein Ausländer sind und sich über seine eigene Klugheit freuen,
15 mit der er herausfindet, was Sie sagen wollen, und Ihnen sagen kann, was Sie wissen wollen.
Wenn Sie sagen: ,,Wollen Sie die Güte haben, mein Herr, mir zu sagen, wie man zu der Eisenbahnendstation Charing Cross gelangt?" und dabei alle Vokale und Konsonanten wunderschön aussprechen, wird er Sie nicht
20 verstehen und Sie im Verdacht haben, daß Sie ein Bettler sind. Wenn Sie aber schreien: ,,Bitte! Charing Cross! Welcher Weg?" werden Sie keine Schwierigkeiten haben. Ein halbes Dutzend Leute wird Sie sofort mit Auskünften überschütten.

1-2 Var. *in England zu reisen und dort auch verstanden werden wollen.*
3 **perfekt**: var. *tadelloses, vollendetes, fehlerloses.* 3-4 Var. *sprechen. Tun Sie das (Wenn Sie das tun), wird niemand Sie verstehen.* 5-7 Var. *kann Silben betonen ... lassen, genau so wie ein Einheimischer dies kann.*
13 Var. *Er wird sich für Sie interessieren.* 15 **herausfindet**: var. *herausbekommt; ausfindig macht.* Var. *wollen und imstande ist, Ihnen zu sagen.* 22-23 Var. *mit Anweisungen überhäufen.*

39 Denken

Aber obgleich unser Denken diese unbeschränkte Freiheit zu besitzen scheint, so werden wir doch bei näherer Prüfung finden, daß es in Wirklichkeit in sehr enge Grenzen eingeschlossen ist und daß all die schöpferische Geisteskraft auf nichts weiter hinausläuft als auf die
5 Fähigkeit, das uns durch die Sinne und die Erfahrung gelieferte Material zusammenzusetzen, umzustellen, zu vermehren oder zu vermindern. Denken wir an einen goldenen Berg, so verknüpfen wir lediglich zwei miteinander verträgliche Ideen, Gold und Berg, mit denen wir zuvor bekannt waren. Ein tugendhaftes Pferd können wir uns vorstellen, weil
10 wir uns aus unserem eigenen Empfinden heraus Tugend vorstellen können und diese mit der Form und Gestalt eines Pferdes, das ein uns vertrautes Tier ist, zu vereinigen vermögen. Kurz, alle Stoffe des Denkens sind von unserem äußeren oder inneren Empfinden abgeleitet, nur ihre Mischung und Zusammensetzung gehören dem Geist und Willen allein an.

2-3 Var. *es sich ... in sehr engen Grenzen bewegen muß.* 6 **umzustellen:** var. *anders einzuordnen.* 8-9 Var. *die wir schon vorher kannten.* 9-11 Var. *weil uns aus ... heraus der Begriff der Tugend bekannt ist und diesen.* 12

vereinigen: var. *verbinden.* **Kurz:** var. *Kurzum.* 12–13 Var. *sind entweder von unserem äußeren oder von unserem inneren Empfinden.* 14 Var. *Zusammensetzung sind Sache des Geistes und Willens allein; sind allein die Funktion (Aufgabe) des Geistes und Willens.*

40 Die Habsburger

Die Habsburger erfüllten zu ihrer Zeit viele Aufgaben. Im sechzehnten Jahrhundert verteidigten sie Europa gegen die Türken, im siebzehnten Jahrhundert verhalfen sie der Gegenreformation zum Siege, im achtzehnten Jahrhundert verbreiteten sie die Ideen der Aufklärung, im neuzehnten Jahrhundert dienten sie als Schranke gegen einen großdeutschen Nationalstaat. Dies alles waren zufällige Verbindungen. Ihr beständiges Ziel war, in Größe zu bestehen; Ideen wie auch Völker wurden nur für die Größe ihres Hauses ausgenutzt. Daher die Bereitwilligkeit zu experimentieren, was zum Beispiel Franz Josef am Ende seiner Regierung zum Verfechter des allgemeinen Wahlrechts werden ließ. Sie wechselten und tauschten Ideen, Landesgebiete, Methoden, Bündnisse und Staatsmänner, sooft dies ihren dynastischen Interessen paßte. Nur das „erhabene Haus" war von Dauer. Die habsburgischen Länder waren eine Sammlung von Erbgütern, nicht ein Staat; und die Habsburger waren Gutsherren, nicht Herrscher — einige von ihnen waren wohlwollende Gutsherren, einige unfähig, einige habgierig und geizig, aber alle darauf bedacht, die besten Einkünfte aus ihren Pächtern herauszuziehen, um eine hervorragende Rolle in Europa zu spielen. Sie konnten sich mit allem abfinden, außer mit der Forderung, von Gutsherren unabhängig zu sein. Diese Forderung war ihr Ruin.

4 Var. *propagierten sie; breiteten sie die ... aus.* 6 **zufällige:** var. *gelegentliche.* 8 Var. *Versuche anzustellen.* 11 **Landesgebiete:** var. *Territorien.* 11–12 Var. *sooft es sich mit ... vereinbarte; wenn es in ihrem dynastischen Interesse lag; sooft es im Interesse der Dynastie lag.* 12–13 **war von Dauer:** var. *blieb beständig.* 13 **Erbgütern:** var. *unveräußerlichen Stammgütern; Fideikommissen; Familiengütern.* 15 **unfähig:** var. *untüchtig.* 16 Var. *alle darauf aus.* 16–17 Var. *Erträge von ... zu bekommen.* 18 Var. *konnten sich über alles vergleichen; konnten Kompromisse über alles schließen.* 18 Var. *ausgenommen (nur nicht) mit der Forderung; ausgenommen (nur nicht) über die Forderung.* 19 Var. *unabhängig von Gutsherren zu sein.*

41 Abgestandene Ideen

Das Auffallendste an der Geschichte der Erziehung ist, daß Bildungsanstalten, die zu einer Zeit mit gärendem genialem Leben erfüllt sind, in einer nachfolgenden Generation bloß Pedanterie und Routine aufzuweisen

haben. Der Grund dafür liegt darin, daß sie mit abgestandenen Ideen
5 überladen sind. Ausbildung mittels abgestandener Ideen ist nicht nur
nutzlos, sondern ist, mehr noch als alles andere, schädlich—corruptio
optimi, pessima. Ausgenommen in seltenen Zwischenzeiten intellektueller
Gärung ist die Bildung in der Vergangenheit durch und durch von
abgestandenen Ideen verseucht gewesen. Deshalb sind kluge Frauen, die
10 keine Bildung genossen, aber viel von der Welt gesehen haben, in ihrem
mittleren Alter die weitaus gebildetsten Mitglieder der Gesellschaft. Sie
sind von dieser entsetzlichen Last abgestandener Ideen verschont geblieben.
Jede intellektuelle Revolution, die je die Menschen zur Größe aufgerüttelt
hat, ist ein leidenschaftlicher Protest gegen abgestandene Ideen gewesen.
15 Dann hat sie leider in kläglicher Unkenntnis menschlicher Psychologie bald
wieder angefangen, durch irgendein Erziehungsprogramm die Menschheit aufs neue mit abgestandenen Ideen ihrer eigenen Formung zu fesseln.

1 Var. *In der Geschichte ... ist es am auffallendsten, daß ...* 2 **gärendem**:
var. *sprudelndem, brodelndem.* 3 **aufzuweisen**: var. *zur Schau zu
stellen; zu zeigen; aufzuzeigen.* 4 Var. *Der Grund dafür ist der, daß.*
abgestandenen: var. *stagnierenden; schalen; überholten* (free translation).
8–9 Var. *krank an abgestandenen Ideen gewesen.* 9–11 Var. *Das ist der
Grund, weshalb kluge ... Gesellschaft sind.* 12 **verschont**: var. *unberührt.*
15–16 Var. *Dann ist sie ... wieder dazu übergegangen (wieder daran gegangen), durch.* 16 **Erziehungsprogramm**: var. *pädagogisches Programm.*

42 Ein natürliches Amphitheater

Die Sonne war hinter der westlichen Felswand untergegangen, die Talmulde im Schatten lassend; aber der verlöschende Glanz der Sonne
überflutete die Kulissen an jeder Seite des Eingangs sowie auch das
feurige Massiv der gegenüberliegenden Bergwand quer über das große
5 Tal mit grellem Rot. Der Boden der Talmulde bestand aus feuchtem Sand,
mit dunklen Büschen bewaldet, während am Fuß aller Steilhänge Felsblöcke lagen, die größer als Häuser waren, ja manchmal sogar wie von den
Höhen darüber abgestürzte Festungen aussahen. Vor uns führte, fahl vom
Gebrauch, ein Weg im Zickzack die Felsenfußplatte hinauf bis zu der
10 Stelle, wo sich die Hauptfassade erhob; von dort bog er gefährlich südwärts an einem schmalen Felsband entlang, dessen Umriß vereinzelte
Laubbäume andeuteten. Zwischen diesen Bäumen hindurch erschallten
aus verborgenen Felsrissen seltsame Rufe, der in Musik verwandelte
Widerhall der Stimmen der Araber, die an den dreihundert Fuß über dem
15 Talgrund entspringenden Quellen Kamele tränkten.

1 Var. *hinter der ... Felsenmauer versunken (gesunken, verschwunden).* 1–2
die Talmulde: var. *die Talsenke; den Talkessel.* 2 **verlöschende**: var.

erlöschende. 4 **gegenüberliegenden:** var. *jenseitigen.* 5 **grellem:** var. *staunenerregendem.* Var. *war feuchter Sand.* 6 Var. *mit dunklem Gebüschwerk bewachsen (überwachsen).* 6-7 **Felsblöcke:** var. *Geröllblöcke.* 7-8 Var. *sogar aussahen wie Festungen, die von den Höhen darüber abgestürzt (heruntergestürzt) waren.* 10 **gefährlich:** var. *prekär.* 10-11 **südwärts:** var. *nach Süden.* 11 **Felsband:** var. *Gesims.* 11-12 Var. *Umriß durch vereinzelte Laubbäume (durch Laubbäume hier und da) kenntlich wurde.* 14-15 Var. *die an den Quellen, die dreihundert ... Talgrund entsprangen, Kamele tränkten.*

43 Friedenmachen

Diejenigen, die die Vergangenheit mit der Überzeugung studieren, daß sie selbst in der Gegenwart automatisch besser handeln würden, nehmen eine gefährliche Geisteshaltung an. Sie übertragen die ethischen Maßstäbe eines Ruhezustandes in die gespannte Atmosphäre der Gefahr. Es wäre besser, wenn diejenigen, die internationale Angelegenheiten studieren, sich weniger auf vergleichende Ethik konzentrierten, sich viel mehr mit dem Problem des menschlichen Verhaltens zu Zeiten befaßten, in denen die Menschheit sich in einem Zustand der Spannung befindet. Hochherzigkeit allein ist nicht stark genug, wenn sie erst einmal in die Maschinerie menschlicher Notwendigkeiten verwickelt worden ist. Es bedarf auch noch anderer Verstärkungen, wenn es dazu kommt, Frieden zu schließen. Der ältere Staatsmann wird Voraussicht, Planung, unabänderliche Programme, Zeit, Unnachgiebigkeit, Unabhängigkeit, Methodik benötigen und auch die Gabe, auf höchst unbequemen Genauigkeiten zu bestehen. Auch wird er ein geschultes und zahlreiches Personal fachmännischer Hilfskräfte benötigen.

2 Var. *sie sich selbst ... verhalten würden.* 4 Var. *Zustandes der Ruhe (Gelassenheit).* 6 **konzentrierten:** var. *einstellten.* 7 **in denen:** var. *da, wo.* 8-10 Var. *Einmal in die Maschinerie ... verwickelt, ist Hochherzigkeit nicht ...* 10 **verwickelt worden ist:** var. *geraten (hineingeraten) ist.* 10-11 Var. *Andere Verstärkungen sind auch noch notwendig.* 11 **schließen:** var. *machen.* 12 **Planung:** var. *die Fähigkeit, zu planen (Pläne zu entwerfen).* 13 **Unnachgiebigkeit:** var. *Hartnäckigkeit; Halsstarrigkeit.* 14 **unbequemen:** var. *ungelegenen.* 15 **geschultes:** var. *gut ausgebildetes.* 15-16 Var. *fachmännischer Assistenten brauchen.*

44 Die Ankunft

„Wir werden nicht auspacken können", sagte Ethel in gefühllosem Ton.
„Haben Sie Ihr Gepäck denn nicht bei sich?" sagte Anna. „Ist das alles, was Sie in der Droschke mitgebracht haben? Dann hätten Sie doch ebensogut zu Fuß gehen können."

5 „Die Köchin hätte nicht laufen können, Fräulein Anna. Eine Viertelmeile ist ihr Äußerstes."
„Aber der Mann hätte Ihr Gepäck oben auf die Droschke tun können. Das hätte sie nicht sehr angestrengt."
„Der Einspänner hat unsere großen Reisekoffer nicht mitnehmen
10 können, Fräulein Anna. So dachten wir, wir könnten ebensogut schon mitnehmen, was wir gerade für die Nacht brauchen", sagte Ethel, wobei ihr Ton das Unheilverkündende in ihren Worten nicht verhehlte.
„Ich würde aber nicht so verschwenderisch mit einer Droschke sein."
„Oh, die Köchin hat schon oft eine Droschke angerufen, nur um sich
15 hundert Schritte zu ersparen, Fräulein Anna", sagte Ethel, durch diesen Wortstreit genügend erheitert, daß ihr Gesicht sich aufklärte.
„Nun, es ist Ihre eigene Schuld, wenn Sie sich nicht ordentlich einrichten können."

1 **gefühllosem:** var. *apathischem; abwesendem.* Var. *in einem gefühllosen Tonfall; in einem Tonfall ohne jedes Gefühl.* 3 Var. *nicht mitgebracht?* Var. *Ist das in der Droschke alles, was sie bei sich haben?* 4 **zu Fuß gehen:** var. *laufen.* 6 **ihr Äußerstes:** var. *ihre Höchstleistung.* 8 Var. *das wäre nicht viel Mühe für sie gewesen; das hätte ihr nicht zu viel Mühe gemacht; wäre nicht zu viel (zu sehr anstrengend) für sie gewesen; das wäre keine große Anstrengung für sie gewesen, hätte ihr keine große Anstrengung auferlegt; das hätte sie gut aushalten können.* 9 **mitnehmen:** var. *bringen.* 10 **ebensogut:** var. *immerhin.* 11 **gerade:** var. *eben.* 12 **das Unheilverkündende:** var. *den unheilverkündenden (ominösen) Beiklang.* **verhehlte:** var. *verbarg; verhüllte; zu verschleiern versuchte.* 14 **angerufen:** var. *angehalten; halten lassen.* 16 Var. *genügend amüsiert, daß ... sich aufheiterte.* 17 Var. *es liegt an Ihnen, wenn ...*

45 Der Eisvogel

Das Mädchen an meiner Seite blieb plötzlich stehen und, sich von mir abwendend, ergriff sie den Arm ihres Begleiters.
„Oh, sieh mal!" sagte sie, „sieh mal!" und in ihrer Stimme war beides, Aufregung und eine Art Ehrfurcht, sonderbar verschmolzen. Ich folgte
5 der Richtung ihrer ausgestreckten Hand und erblickte, die blanke Oberfläche des Wassers streifend, an dem Schilfgras und der höhlenartigen Öffnung eines Bootshauses und den erdigen Ufern vorbeischießend, die jetzt von der Glut der untergehenden Sonne gerötet waren, gleich einem mit Edelsteinen besetzten Pfeil, die funkelnde Gestalt eines Eisvogels, der
10 einen atemberaubenden Augenblick lang dem Fluß folgte, bis er um die Biegung herum war. Wir standen einen Augenblick still, nachdem der Vogel verschwunden war, und dann sah das Mädchen zum Gesicht ihres Begleiters auf, und er sah sie an, immer noch schweigend. Mir schien es, als liebten sie einander und als wären sie erstaunt in ihrer Erregung darüber,

als betrachteten sie dieses Naturphänomen, diesen fliegenden Vogel, als 15
eine Art Mysterium oder Sakrament, dessen Erscheinen sie mit Wunder
und Entzücken erfüllte, sie jetzt noch enger als zuvor miteinander verbindend.

1 **blieb ... stehen:** var. *hielt ... an.* 1-2 Var. *und, indem sie sich von mir abwandte, ergriff sie den Arm ihres Begleiters; stehen, wandte sich von mir ab und ergriff den Arm ihres Begleiters.* 3-4 Var. *sowohl Aufregung als auch eine Art Ehrfurcht sonderbar vermischt.* 5 **erblickte:** var. *sah.* 5-6 Var. *den leuchtenden (glänzenden) Wasserspiegel.* 9 **funkelnde:** var. *glitzernde.* 10 **atemberaubenden:** var. *atemraubenden.* 11 Var. *Wir blieben einen Augenblick stehen.* 17-18 Var. *und sie jetzt ... verband.*

46 Goethes Lyrik

Wenn trotz allem, was Goethe dagegen sagt, seine Gedichte auch weiterhin in uns den Eindruck erwecken, als seien sie oft weit entfernt von dem Naturforscher, da sie selten etwas berühren, was offensichtlich zur Naturwissenschaft gehört, und sich zum größten Teil mit solchen Gegenständen befassen, die ihr fremd zu sein scheinen, so hat das seinen guten Grund. Er hatte als Dichter damit angefangen, den Reichtum seiner Gefühle zu erforschen, den er in sich entdeckte; und in seiner Fähigkeit, die Verschiedenartigkeit dieser Gefühle so vollkommen auszudrücken, mit einer Lauterkeit, einer Unmittelbarkeit, die der der großen Komponisten ebenbürtig war, zeigte er sich wohl zuerst allen anderen weit überlegen. Welche 10 Verheißungen an Talenten anderer Art, als Dramatiker oder Erzähler, er hier und da auch zeigen mochte, sie werden vollständig in den Schatten gestellt durch seine lyrische Begabung und durch seine Beherrschung der Gemütsregungen.

1 Var. *dagegen einwendet.* **weiterhin:** var. *immer weiter.* 2-3 Var. *als ob sie häufig ... Naturforscher seien.* 3 **offensichtlich:** var. *offenbar; augenscheinlich.* 4-5 Var. *und sich zum ... beschäftigen; und sich zum größten Teil solchen Gegenständen widmen; und zum größten Teil solche Gegenstände behandeln.* 5 Var. *so ist das nicht ohne guten Grund.* 6-7 Var. *begonnen, seinen Gefühlsreichtum zu ... ; Er begann als Dichter mit der Erforschung seines Gefühlsreichtums.* 7-8 **die Verschiedenartigkeit:** var. *die verschiedenen Nuancen (Schattierungen).* 9 **Lauterkeit:** var. *Reinheit* (not *Sauberkeit*). 9-10 **ebenbürtig war:** var. *gleichkam; nicht nachstand; die Stange hielt* (fam.). 10-11 Var. *Welche Versprechungen an Gaben.* 11-12 Var. *sich hier und da auch immer zeigen mochten.* 12 Var. *vollständig überschattet.* 13 **durch seine lyrische:** var. *von seiner lyrischen.* 13-14 **seine Beherrschung der Gemütsregungen:** var. *seine Macht über Gefühle (Empfindungen).*

47 Das Geheimnis

„Sei so gut, mich wissen zu lassen, was denn eigentlich im Hause vor sich geht", sagte er zu ihr in einem Ton, den er selbst unter diesen Umständen für freundlich hielt.
„Vor sich geht, Austin?" rief Frau Penniman aus. „Ja freilich, das weiß
5 ich nicht! Ich glaube, die alte graue Katze hat heute nacht Junge geworfen!"
„In ihrem Alter?" sagte der Arzt. „Die Idee ist alarmierend — ja schockierend. Sei so gut, dafür zu sorgen, daß sie alle ertränkt werden. Aber was ist außerdem noch geschehen?"
„Ach, die lieben kleinen Kätzchen!" rief Frau Penniman. „Ich würde
10 sie um alles in der Welt nicht ertränken lassen!"
Ihr Bruder paffte einige Augenblicke lang schweigend seine Zigarre.
„Dein Mitleid mit Kätzchen, Lavinia", begann er bald wieder, „entspringt etwas Katzenartigem in deinem eigenen Charakter."
„Katzen sind sehr anmutig und sehr sauber", sagte Frau Penniman
15 lächelnd.
„Und sehr hinterhältig. Du bist die Verkörperung von Anmut und Ordentlichkeit; aber dir fehlt es an Offenheit."
„Dir fehlt es sicher nicht daran, lieber Bruder."
„Ich mache keinen Anspruch darauf, anmutig zu sein, obgleich ich
20 versuche, ordentlich zu sein. Warum hast du mich nichts davon wissen lassen, daß Herr Morris Townsend viermal in der Woche ins Haus kommt?"

1 Var. *Sei so freundlich und sage mir.* 2 **vor sich geht:** var. *vorgeht; passiert; los ist* (fam.). 3 Var. *als aufgeräumt (munter, heiter) erachtete.*
5 **geworfen:** var. *bekommen; gehabt.* 7 Var. *freundlich und sorge dafür.*
13 Var. *kommt von dem Katzenartigen.* 14 **anmutig:** var. *graziös* (but here not so suitable). 15 **lächelnd:** var. *indem sie lächelte; mit einem Lächeln.* 16-17 Var. *Du bist die personifizierte Anmut und Ordentlichkeit; die Personifizierung sowohl der Anmut als auch der Ordentlichkeit; Du bist Anmut und Ordentlichkeit in Person.* 17 **Offenheit:** var. *Freimütigkeit.* 19 Var. *Ich erhebe ... darauf, ... ; Ich nehme keineswegs für mich in Anspruch, ...* 20-21 Var. *Warum hast du mir nichts davon gesagt, daß ... ; ... du mir nicht mitgeteilt, daß ...*

48 Der Westfälische Friede

Was aber die Ergebnisse betrifft, so war der Westfälische Friede an sich ein Kompromiß: der Dreißigjährige Krieg enthält viel Dramatisches, hat aber keinen Anspruch auf den Charakter eines eigentlichen Dramas. Seine Ergebnisse waren nicht das, um was jede der Parteien kämpfte; sie
5 sind für keine der beiden Seiten entscheidend; sie sind aber dennoch deutlich umrissen und von Dauer. Der Friede zog eine bestimmte und dauernde Linie zwischen dem protestantischen und dem katholischen

Deutschland. Was damals protestantisch geblieben war, ist es auch heute noch, und was katholisch war, bleibt katholisch; der Friede machte den Räubereien von seiten der Protestanten ein Ende; was damals säkularisiert wurde, blieb säkularisiert, was der Kirche erhalten geblieben war, blieb ihr bis zum Ende des Reiches erhalten. Der Friede legte die Grenzen Deutschlands von jenem Tage an bis zu dem gleichen Zeitpunkt fest; denn Lothringen, das einzige, was nachträglich Frankreich noch hinzugefügt wurde, gehörte ja praktisch schon lange zu Frankreich, und die Besitzergreifung Straßburgs bleibt die einzige beträchtliche Verletzung der Regel. Aber weiterhin bestimmte der Friede, daß das Reich verfassungsmäßig nur primus inter pares (das Erste unter Ranggleichen) sein sollte, der Hauptstaat in einem Staatenbund, in dem seine Vorherrschaft nur nominell war und in dem es seine eigentliche Macht nur den Besitztümern seines regierenden Hauses außerhalb Deutschlands verdankte.

3 Var. *eines Dramas an und für sich.* 6 **deutlich:** var. *klar.* **von Dauer:** var. *beständig.* 8-9 Var. *bleibt es noch heute.* 9 **machte:** var. *setzte.* 14 Var. *was Frankreich noch nachträglich hinzugefügt wurde.* 15 Var. *gehörte ja praktisch Frankreich schon lange an.* **Besitzergreifung:** var. *Inbesitznahme.* 16 **bleibt:** var. *stellt ... dar; bildet.* 20-21 Var. *in dem es nur den Besitztümern ... Deutschlands seine wirkliche Macht verdankte.*

49 Einsamer Strand

Wir wohnen seit ein paar Tagen am Strand, wo die Wellen uns tosend entgegenschlagen. Auch auf der anderen Seite des Flusses liegt jenseits der Fähre die flache, silbrige Welt, unberührt wie zu Anbeginn, mit fahlem Sand und sehr viel weißem Schaum, der Reihe um Reihe am silbrigen Abend unter dem Himmel hervorkommt; und keine Menschen, gar keine Menschen, keine Häuser, keine Gebäude, nur ein Heuschober am Rande des kiesigen Strandes und eine alte schwarze Mühle. Und sonst nur die flache, unvollendete Welt überflutend mit Schaum, Geräusch und silbrigem Licht, und ein paar Möwen, sich wiegend wie ein halbgeborener Gedanke. Es ist etwas Großes zu begreifen, daß die Urwelt noch immer da ist — völlig sauber und rein, viele weiße, herandringende Schaumkronen und nur die sich zwischen Himmel und Küste wiegenden Möwen; und im Winde der gelbe Seemohn heftig flatternd, wie gelbe Lichtschimmer im Winde, und der Tanz der windgerüttelten Samenhörner.

1 **wohnen:** var. *leben.* Var. *an der Küste; am Meeresufer.* **tosend:** var. *brausend; mit Getöse.* 2-3 Var. *liegt ... flach ausgebreitet eine silbrige Welt.* 3 **fahlem:** var. *blassem; bleichem.* 4-5 Var. *sehr vielem weißen Schaum, Reihe um Reihe ... hervorkommend.* 5 **Menschen:** var. *Leute.* **gar:** var. *überhaupt.* 7 Var. *Sonst nur; Im übrigen nur.* 8 Var. *jene flache.* Var.

voll von Schaum; überflutet von Schaum. 8–9 Var. *strömend von Schaum, voll Lärm und silbrigem Licht.* 9–10 Var. *hin und her schwingend wie ...; und nur der Möwen schwingender Flug wie kaum noch geborene Gedanken* (very free). 10 **Großes:** var. *Großartiges.* 11 **völlig:** var. *vollkommen.* 12–13 Var. *die zwischen ... Küste hin und her schwingenden Möwen; die Möwen zwischen ... Küste sich wiegend (Küste hin und her schwingend).* 13 Var. *und heftig im Winde flatternder gelber Seemohn* (free). 14 **Lichtschimmer:** var. *Lichtstreifen.* 14–15 Var. *der Windtanz der gerüttelten Samenhörner; und die im Winde gerüttelten (geschüttelten, tanzenden); die windgeschüttelten.* **Samenhörner:** var. *Samenschoten.*

50 Die orientalische Hauptstadt

Dort lag sie, sich an beiden Ufern weit ausbreitend, die orientalische Hauptstadt, die bis dahin noch keinen weißen Eroberer erduldet hatte; in weiter Ausdehnung lagen da braune Häuser aus Bambus, aus Matten, aus Blättern in einem auf Pflanzenstoffe angewiesenen Baustil, aus dem
5 braunen Boden an den Ufern des schlammigen Flusses entsprungen. Es war erstaunlich sich vorzustellen, daß es meilenweit in diesen menschlichen Behausungen wahrscheinlich kein halbes Dutzend Pfund Nägel gab. Einige dieser Häuser aus Stöcken und Gras, ähnlich den Nestern einer Art von Wassertieren, klammerten sich an die niedrigen Ufer. Andere schienen
10 aus dem Wasser herauszuwachsen; andere wieder schwammen in langen fest geankerten Reihen genau in der Mitte des Stromes. Hier und da in der Ferne türmte sich über dem zusammengepferchten Gedränge niedriger brauner Dachfirste aufgeschichtetes Mauerwerk auf, ein königlicher Palast, Tempel, prächtig und zerfallen, zerbröckelnd unter dem senkrech-
15 ten Licht der Sonne, das ungeheuer, überwältigend, fast greifbar war und mit jedem Atemzug durch die Nase in die Brust einzudringen und durch jede Pore der Haut in die Glieder einzusickern schien.

1 Var. *sie, an ... weit ausgebreitet.* 2 **erduldet:** var. *erlitten.* 6 Var. *erstaunlich zu denken.* 9 Var. *klebten an den ... Ufern.* 12–13 Var. *türmten ... Dachfirste wie aufgehäuftes Mauerwerk ein ... Tempel auf; türmten ... Dachfirste große Mengen von Gemäuer auf, ein.* 14–15 Var. *unter dem ... Sonnenlicht zerbröckelnd.* 17 Var. *gesaugt zu werden schien.*

51 Besuch bei Klopstock

Glaube mir, ich ging mit einem Gefühl von Ehrfurcht in der Seele, als W. und ich Herrn Klopstock zum Hause seines Bruders, des Dichters, begleiteten, das ungefähr eine Viertelmeile vor dem Stadttor steht. Es befindet sich in einer Reihe von kleinen, gewöhnlichen Sommervillen (denn
5 so sahen sie aus), mit vier oder fünf Reihen junger kümmerlicher Ulmen vor den Fenstern; dahinter liegt ein Anger, und dann kommt eine völlig flache Ebene, von mehreren Straßen durchzogen. Was auch immer an Schönheit

eben vor des Dichters Augen sein mag, dachte ich, sie muß sicherlich ganz
allein aus seiner eigenen Schöpfung erwachsen. Wir warteten einige
Minuten in einem ordentlichen kleinen Wohnzimmer, ausgeschmückt mit
den Standbildern von zweien der Musen und mit Drucken, die Themen
aus Klopstocks Oden darstellten. Der Dichter trat ein. Ich war sehr enttäuscht
über sein Gesicht und konnte eigentlich keine Ähnlichkeit mit der
Büste feststellen. Kein Auffassungsvermögen drückte sich auf seiner Stirn
aus, nichts Wuchtiges war über den Brauen, kein Ausdruck von etwas
Besonderem, sei es sittlich, sei es intellektuell, in seinen Augen, nichts
Gewaltiges in seinem allgemeinen Gesichtsausdruck. Er ist eher etwas
unter Mittelgröße. Er trug sehr große Halbstiefel, die von seinen Beinen
ausgefüllt wurden, so fürchterlich waren die Beine angeschwollen. Obgleich
jedoch weder W. noch ich irgendeine Spur von Erhabenheit oder
Begeisterung in seinem Gesichtsausdruck entdecken konnten, waren wir
beide in gleichem Maße von seiner Lebhaftigkeit und seiner freundlichen
und bereitwilligen Höflichkeit beeindruckt.

3 Var. *das sich ungefähr ... befindet; das ungefähr ... vom Stadttor entfernt
liegt.* 4 **Sommervillen:** var. *Sommerhäusern.* 5 **kümmerlicher:** var.
kärglicher; spärlich belaubter. 6 **völlig:** var. *ganz.* 7 **durchzogen:** var.
durchschnitten. 8–9 Var. *muß gewiß einzig und allein aus seiner ...
stammen.* 10 **ordentlichen:** var. *wohlaufgeräumten.* 10–11 Var. *mit den
Figuren zweier Musen und mit Drucken ausgeschmückt; mit den Statuen von
zwei Musen und mit Drucken, ...* 12 **darstellten:** var. *zum Vorwurf hatten.*
Var. *betrat den Raum.* 13–14 Var. *und erkannte keine Ähnlichkeit mit der
Büste.* 14 **Auffassungsvermögen:** var. *Begriffsvermögen.* 15 **Wuchtiges:**
var. *Gewichtiges.* 16 Var. *Besonderem, moralisch oder intellektuell; in sittlicher
oder geistiger Hinsicht.* 16–17 **nichts Gewaltiges:** var. *nichts Kraftvolles
(Machtvolles); keine Stärke; nichts Starkes; nichts von massiver Kraft;
nichts wuchtig Beeindruckendes.* 18 Var. *weite, halbhohe Stiefel.* 19
fürchterlich: var. *mächtig.* 19–20 **Obgleich:** var. *Obwohl.* 20 Var.
irgendein Anzeichen von ... 21 Var. *in seinen Zügen entdecken konnten (zu
entdecken vermochten).* 22 **freundlichen:** var. *gütigen.*

52 Heuchelei

In London geht eine beträchtliche Menge Leute ins Theater, wie viele
andere in die Kirche gehen, um ihre besten Kleider zur Schau zu tragen
und sie mit denen anderer Leute zu vergleichen; um mit der Mode
zu gehen und um einen Gesprächsstoff für Abendgesellschaften zu haben;
um einen Lieblingsschauspieler zu vergöttern; um den Abend irgendwo
anders, nur nicht zu Hause zu verbringen: kurz und gut, aus irgendeinem
beliebigen Grund, nur nicht aus Interesse an der dramatischen Kunst als
solcher. In tonangebenden Kreisen ist die Anzahl irreligiöser Leute, die
zur Kirche, unmusikalischer Leute, die in Konzerte und Opern, und am

10 Schauspiel uninteressierter Leute, die ins Theater gehen, so erstaunlich groß, daß Predigten auf zehn Minuten und Theaterstücke auf zwei Stunden beschränkt worden sind. Und selbst da ergibt es sich, daß sich Gemeinden auf ihren Plätzen nach dem Segensspruch und Zuhörerschaften nach dem Schlußvorhang sehnen, damit sie endlich zu ihrem
15 Mittagessen oder Abendbrot kommen, wonach sie wirklich dringend verlangen, und dies, nachdem sie ohnehin so spät gekommen sind, wie die Anfangszeit ihretwegen überhaupt angesetzt werden konnte — oder sogar noch später.

Title: var. *Scheinheiligkeit.* 1. Var. *Anzahl von Menschen.* 2 Var. *um sich in ihren besten Kleidern sehen zu lassen.* 4 Var. *um etwas zu haben, worüber man sich in Abendgesellschaften unterhalten kann; worüber man in Abendgesellschaften sprechen kann.* 5 **zu vergöttern:** var. *anzuschwärmen.* 7–8 Var. *an der eigentlichen dramatischen Kunst; an der dramatischen Kunst an und für sich.* 10 **Schauspiel:** var. *Drama, Theater;* (not: *undramatisch*). 12–13 Var. *Und selbst dann sehnen sich; selbst dann kommt es vor, daß* ... 15–16 Var. *wonach sie sich wirklich sehnen (wirklich Verlangen tragen/haben).* 16–18 Var. *wie die ihretwegen so spät wie möglich angesetzte Anfangszeit es ihnen erlaubte — oder noch später.*

53 Der Außenseiter

„Ich hab' über 'ne Uhr nachgedacht", sagte er. „Wir könnten eine Sonnenuhr bauen. Wir könnten einen Stock in den Sand stecken, und dann ..."
Die Anstrengung, die dazugehörigen mathematischen Vorgänge auszudrücken, war zu groß. Statt dessen fuchtelte er in der Luft herum.
5 „Und ein Flugzeug und einen Fernsehapparat", sagte Ralph säuerlich, „und eine Dampfmaschine."
Piggy schüttelte den Kopf. „Man muß viele Dinge aus Metall dazu haben", sagte er, „und wir haben kein Metall nich. Aber wir haben einen Stock."
10 Ralph drehte sich um und lächelte unwillkürlich. Piggy war ein lästiger Kerl. Seine Fettleibigkeit, sein Ass-mar (Asthma) und seine so nüchternen Ideen waren langweilig. Aber man konnte sich immer ein bißchen Vergnügen verschaffen, indem man ihn aufzog, selbst wenn es aus Versehen geschah.
15 Piggy sah das Lächeln und mißdeutete es als Freundlichkeit. Stillschweigend waren die Großen zu der Ansicht gekommen, daß Piggy ein Außenseiter sei, nicht nur wegen des Akzents, der eigentlich nichts ausmachte, sondern wegen seiner Fettleibigkeit und seines Ass-mars und der Brille und einer gewissen Abneigung gegen jede Art manueller
20 Tätigkeit. Als er nun merkte, daß etwas, was er gesagt hatte, Ralph zum Lächeln gebracht hatte, freute er sich sehr und nutzte seinen Vorteil aus.
„Wir haben viele Stöcke. Wir könnten jeder eine Sonnenuhr haben. Dann wüßten wir immer, wie spät es ist."

„Das würde uns auch einen Dreck nützen!"
„Du sagtest doch, du wolltest, daß etwas getan würde. Damit wir 25
gerettet werden könnten."
„Ach, halt's Maul!"

1 Var. *Ich habe an eine Uhr gedacht.* 2 **bauen:** var. *machen.* 3 Var. *damit verbundenen; darin enthaltenen.* 3-4 **auszudrücken:** var. *in Worte zu kleiden (fassen).* 8 **wir haben kein Metall nich** (ungrammatical!): var. *wir haben gar kein (überhaupt kein) Metall.* 10 **drehte sich um:** var. *wandte sich ab.* **unwillkürlich:** var. *unabsichtlich; unfreiwillig.* **lästiger:** var. *langweiliger.* 11 **nüchternen:** *sachlichen.* 12 **langweilig:** var. *uninteressant.* 12-13 Var. *sich ... dadurch machen, daß man ihn ...* 13-14 Var. *auch wenn man es versehentlich (unabsichtlich, unbeabsichtigt, ohne Absicht) tat.* 15 Var. *legte er es fälschlich(-erweise) als Freundlichkeit aus.* 16 Var. *war man unter den Großen zu der Ansicht gelangt; waren die Großen übereingegekommen.* 18 **wegen seiner:** var. *infolge seiner.* 19-20 Var. *Abneigung, seine Hände zur Arbeit zu gebrauchen; Abneigung gegen jegliche Arbeit mit den Händen; Abneigung, mit den Händen zu arbeiten.* 20 **merkte:** var. *feststellte.* 20-21 Var. *Ralph veranlaßt hatte, zu lächeln.* 22 **viele:** var. *eine Menge.* Var. *Jeder von uns könnte.* 24 Var. *Das wäre auch einen Dreck was Gutes.* (This version and the one above are vulgar); more choice expressions would be: *Das würde uns auch nichts helfen; Das würde uns herzlich wenig nützen.*) 27 **halt's Maul** (very rude); politer var. *halt doch deinen Mund; hör doch (schon) auf; das ist blödsinniger Quatsch.*

54 Die Preußen

Wenn man durch das wenig anziehende Land reist, welches das ursprüngliche Herrschaftsgebiet Friedrichs des Großen bildete — Brandenburg, Pommern und Ostpreußen — mit seinen kümmerlichen Kiefernpflanzungen und sandigen Feldern, könnte man sich vorstellen, man reise durch einen abgelegenen Teil der eurasischen Steppen. In welcher Richtung man auch 5
herausreisen mag, ob nach den Weidewiesen und Buchenwäldern Dänemarks hin oder der schwarzen Erde Litauens oder den Weingärten des Rheinlandes, man kommt immer in müheloseres und angenehmeres Land. Die Nachkommen der mittelalterlichen Kolonisten jedoch, die diese „schlechten" Länder bewohnten, haben in der Geschichte unserer west- 10
lichen Gesellschaft eine außerordentliche Rolle gespielt. Nicht nur, daß sie im neunzehnten Jahrhundert Deutschland beherrschten und im zwanzigsten die Deutschen in einem anstrengenden Versuch anführten, unsere Gesellschaft mit ihrem Universalstaat zu versehen. Die Preußen lehrten ihre Nachbarn auch, wie auf Sand Getreide gezogen werden kann, 15
indem man ihn mit künstlichem Dünger anreichert, wie man eine ganze Bevölkerung durch ein System von allgemeiner Schulpflicht auf einen

Stand beispielloser sozialer **Tüchtigkeit** und durch ein System von allgemeiner Kranken- und Arbeitslosenversicherung auf einen Stand
20 beispielloser sozialer Sicherheit bringen kann. Wir mögen sie vielleicht nicht leiden, aber wir können nicht leugnen, daß **wir von ihnen Wichtiges und Wertvolles gelernt haben**.

1 **anziehende:** var. *einnehmende.* 2 **bildete:** var. *war.* 3 **kümmerlichen:** var. *spärlichen; ärmlichen.* 4 Var. *könnte man glauben (meinen).* 4–5 Var. *eine abseits liegende Strecke.* 6 **herausreisen mag:** var. *weiterreist.* 8 Var. *sorgloseres und lieblicheres.* 10 **Länder:** var. *Landstriche; Landschaften.* 15 Var. *angebaut werden kann; wie man auf Sandboden Getreide ziehen (anbauen) kann.* 18–19 **allgemeiner:** var. *zwangsläufiger.* 19 Var. *auf eine Stufe.* 20–21 Var. *wir haben sie vielleicht nicht gern; wir lieben sie vielleicht nicht.* 21–22 *daß sie uns ... gelehrt haben; daß wir von ihnen wichtige und wertvolle Lehren bekommen haben.*

55 Rachegedanken

Als sie mich ins Bett brachten, fanden sie, daß ich eine gebrochene Nase, einen gebrochenen Arm, ein gebrochenes Schlüsselbein, vier gebrochene Rippen, drei gebrochene Finger, drei oder vier Quadratmeter ernsthafter Quetschungen und einen Doppelbruch hatte. Die Oberschwester dachte,
5 daß ich sterben müsse, der Anstaltschirurg dachte, daß ich im Sterben liege und die Krankenschwester war überzeugt, daß ich vor dem Tee abkratzen solle, da sie keine Ablösung hatte. Und ich war so wütend, daß ich mir selbst einen ernsthaften Schaden hätte zufügen können, wenn ich mir nicht gesagt hätte: Sachte, Gulley. Verlier nicht deine Geistesgegenwart!
10 Vergiß den Halunken, bis du wieder gesund bist und dir ein Paar neue Stiefel gekauft hast. Mit Nägeln dran. Vergib und vergiß! — bis du ihn in der Klemme hast. Vergiß nicht, daß er eine gewisse Berechtigung für seine Handlungen hatte. Laß ihm Gerechtigkeit widerfahren, aber erst dann, wenn du ein Brecheisen bereit hast. Werde nicht gehässig! Behalte
15 einen kühlen Kopf! Das ist die einzige Art und Weise, mit so einer Schlange fertig zu werden. Geh die Sache mit Überlegung an, begegne ihm mit einem freundlichen Lächeln — und einem Paar Schlagringen!

4 **dachte:** var. *war der Meinung, meinte.* 8 **zufügen:** var. *beibringen.* 9 **Sachte:** var. *Ruhig Blut!* **Geistesgegenwart:** var. *Einbildungskraft; Vorstellungskraft.* 10 **Halunken:** var. *Schurken; Schuft.* **gesund:** var. *wiederhergestellt; wohlauf.* 11–12 Var. *bis der richtige Augenblick kommt(?)* Var. *gewisse Entschuldigungsgründe.* 14 **gehässig:** var. *tückisch; rachsüchtig.* 14–15 Var. *Sei kein Hitzkopf! Werde nicht hitzig! Ruhig Blut!* 15–16 Var. *so eine Schlange zu behandeln.* 16 Var. *geh klug (wohlüberlegt, weise, vernünftig, mit Vernunft, mit Klugheit) vor; überleg alles vernünftig(-erweise); geh an die Sache mit Überlegung.* 17 Var. *Schlagringe.*

56 Vorurteil

Vorurteil im gewöhnlichen und buchstäblichen Sinne ist, im voraus irgendeine Frage zu entscheiden, ohne sie vorher genügend geprüft zu haben, und trotz aller gegensätzlichen Beweise auf dieser Meinung aus Unwissenheit, Böswilligkeit oder Eigensinn zu beharren. Das wenige, was wir wissen, hat einen starken Zusatz von Zweifel und Unsicherheit in 5 sich. Die Menge von Dingen, über die wir uns kein Urteil bilden können, über die wir aber blinde und zuversichtliche Ansichten haben, als seien wir gründlich damit vertraut, ist ungeheuer groß. Vorurteil ist ein Kind der Unwissenheit, denn gerade so wie unsere wirkliche Kenntnis hinter unserem Wissensdrang oder hinter unserer Neugier über unsere Umwelt 10 und unserem Interesse daran zurückbleibt, so müssen wir in Versuchung geraten, über eine größere Anzahl von Dingen aufs Geratewohl zu entscheiden. Und da wir keine Kontrolle, weder durch den Verstand noch durch die Forschung haben, so werden wir immer hartnäckiger und fanatischer in unseren Schlußfolgerungen in gleichem Maße, wie wir vor- 15 schnell und anmaßend gewesen sind.

1 **buchstäblichen:** var. *wörtlichen.* 3 Var. *aller Beweise für das Gegenteil (Beweise des Gegenteils).* **aus:** var. *auf Grund von.* 4 **zu beharren:** var. *zu bestehen; an dieser Meinung festzuhalten.* 4–5 Var. *Das bißchen, das wir ...* Var. *In dem wenigen ... ist eine starke Beimischung von ...*
6 Var. *Dingen, die zu beurteilen uns die Mittel fehlen; über die zu urteilen wir keine Mittel in der Hand haben; die zu beurteilen uns keine Mittel zur Verfügung (zu Gebote) stehen.* 8 **vertraut:** var. *bekannt.*
9 **gerade so:** var. *in gleichem Maße.* 10 **unserem Wissensdrang:** var. *unserer Wissensbegierde; unserem Wissensdurst; unserem Verlangen nach Wissen.* 12–13 Var. *auf gut Glück eine Entscheidung zu treffen.* 13–14 Var. *Kontrolle, sei es durch ... sei es durch; da uns weder durch Verstand noch durch Erkundigung Einhalt geboten wird.* 14 **hartnäckiger:** var. *halsstarriger.*
14–15 **fanatischer:** var. *eigensinniger; bigotter; blinder.* 15 **in gleichem Maße, wie:** var. *in gleicher Weise, wie.* 16 **anmaßend:** var.*vermessen.*

57 Im Mondschein

Die Nacht brach herein.
Er stieg geräuschlos in den kühlen, dunklen Abgrund hinunter und ruhte sich eine Weile auf einem Vorsprung etwa auf halbem Wege aus, um die Stimmung des Ortes in sich einzusaugen. Alles war still. Undeutliche Massen türmten sich über ihm auf; durch Spalten im Felsengefüge 5 erhaschte er flüchtige Blicke, fremdartig und vertraut zugleich, auf die Landschaft dort unten. Sie schwamm im milchigen Glanz des vollen Mondes, dessen Licht von einer unauffindbaren Quelle hinter dem Berg herabströmte, die fernen Weinberge und Bäume mit einer gespensterhaften Tönung von Grün überflutend. Es ist, als blicke man in eine andere 10

Welt, dachte er, die Welt eines Dichters. Friedlich lag sie da, voller Herrlichkeit. Wie gut man den Zauber, die Romantik der Nacht an einem solchen Ort begreifen konnte! Romantik ... was bliebe vom Leben ohne Romantik? Er erinnerte sich an sein Gespräch mit Marten; er dachte an die plumpen
15 Begriffe, die der Naturforscher von der Romantik hatte. Er bedauerte den Materialismus, der ihm Freuden wie diese versagte. Diese mondbeschienene Landschaft — wie voll von Ahnungen! Die Grotte dort unten — was für Geschichten könnte sie erzählen!

1 **herein:** var. *ein; an.* 3 Var. *sich auf einem Vorsprung etwa auf halbem Wege ein wenig ausruhend.* 4 Var. *in sich aufzunehmen; auf sich wirken zu lassen.* 6–7 Var. *auf die dort unten liegende Landschaft.* 7–8 Var. *in den milchigen Strahlen des Vollmonds.* 8 **unauffindbaren:** var. *unentdeckbaren; nicht zu entdeckenden.* 9–10 Var. *in ein gespensterhaft grünes Licht tauchend.* 10–11 Var. *Es ist, als ob man einen Blick in eine andere Welt täte.* 11 **Friedlich:** var. *Ganz ruhig (still).* 11–12 Var. *in voller Pracht.* 12–13 Var. *Sehr wohl konnte man an solchem Ort Glanz und Romantik der Nacht begreifen.* 14 **an sein Gespräch:** var. *seines Gespräches.* 14–15 Var. *an des Naturforschers derben (groben) Begriff von Romantik.* 15–16 Var. *Der Materialismus, der ... versagte, tat ihm leid.* 18 **erzählen:** var. *enthüllen.*

58 Der neue Kapitän

Das lächerliche Opfer der Eifersucht mußte gerade dann aus irgendeinem Grunde seine Maschinen anhalten. Der Dampfer trieb langsam mit der Flut aufwärts. Ohne mir der neuen Umgebung bewußt zu sein, ging ich auf dem Deck auf und ab in bekümmerter, abgestumpfter Zerstreutheit,
5 einer Mischung aus romantischer Träumerei und einem sehr praktischen Überblick über meine Fähigkeiten. Denn es war beinahe der Augenblick gekommen, da ich das meinem Kommando zu übergebende Schiff sehen und mich in der letzten Probe meines Berufes bewähren sollte.

Plötzlich hörte ich mich von diesem Idioten angerufen. Er winkte mir,
10 auf seine Kommandobrücke heraufzukommen.

Ich hatte wenig Lust dazu, aber da es schien, daß er etwas Besonderes zu sagen hatte, stieg ich die Leiter hinauf.

Er legte mir die Hand auf die Schulter, drehte mich ein wenig und wies dabei mit dem anderen Arm auf etwas hin.
15 „Dort! Das ist Ihr Schiff, Herr Kapitän", sagte er.

Ich fühlte einen heftigen Herzschlag in der Brust, nur einen einzigen, als hätte mein Herz dann aufgehört zu schlagen. Da lagen zehn Schiffe oder noch mehr am Ufer angelegt, und das eine, das er meinte, war teilweise meinen Augen durch das nächste, achtern liegende verborgen. „In
20 einem Augenblick treiben wir längsseits", sagte er.

Wie klang sein Ton? Spöttisch? Drohend? Oder bloß gleichgültig? Ich konnte es nicht sagen. Ich vermutete etwas Boshaftes in dieser unerwarteten Interessenbezeigung.

2 **anhalten:** var. *stoppen.* **Der Dampfer:** var. *Das Schiff.* 3 **aufwärts:** var. *flußaufwärts.* 3 Var. *Uneingedenk meiner neuen Umgebung ging ...* 4 Var. *in besorgter, stumpfer Geistesabwesenheit.* 5 Var. *gemischt aus.* 6 **Fähigkeiten:** var. *Eignung; Qualifikationen.* 6–7 Var. *Denn die Zeit kam immer näher, wo (in der) ich.* 7 Var. *das für mein Kommando bestimmte Schiff.* 8 Var. *und in ... Berufes zeigen sollte, was ich wert sei.* 22 Var. *Ich argwöhnte eine Bosheit.* 22–23 Var. *unerwarteten Kundgebung von Interesse.*

59 Eifersucht

Sie mußten den Zug früh am nächsten Morgen nehmen. Auf dem kleinen Bahnhof standen sie mit ihren Koffern mitten in einer Menge von Leuten, die bedauerten, daß ihr Urlaub zu Ende war. Aber Maria bedauerte nichts. Sobald der Zug einfuhr, stieg sie ein und ließ Tommy stehen, der Mengen von Engländern die Hand schüttelte, die er anscheinend am Abend vorher 5 kennengelernt hatte. Im letzten Augenblick kamen die jungen Clarkes in Badeanzügen angelaufen, um auf Wiedersehen zu sagen. Sie nickte steif vom Zugfenster aus und fuhr fort, das Gepäck zu ordnen. Dann setzte sich der Zug in Bewegung, und ihr Mann kam herein.

Das Abteil war voll besetzt, und sie hatten daher einen Vorwand, nicht 10 zu sprechen. Das Schweigen jedoch hielt an. Bald begann Tommy, sie ängstlich zu beobachten und Bemerkungen über das Wetter zu machen, das sich beständig verschlechterte, je weiter sie nach Norden fuhren.

In Paris hatten sie fünf Stunden totzuschlagen.

Sie gingen am Fluß entlang, am Markt im Freien vorbei, als sie vor 15 einer Bude stehenblieb, wo man Steingut verkaufte.

„Die große Schale dort", rief sie mit neubelebter Stimme, „die große, rote dort — sie wäre gerade richtig für den Weihnachtsbaum."

„Da hast du recht! Man zu! Kauf sie doch, Mädel!" stimmte er sofort unendlich erleichtert zu. 20

2 Var. *inmitten von Leuten.* 3 Var. *daß ihre Ferien ... waren.* 5–6 Var. *deren Bekanntschaft er anscheinend am vorigen Abend gemacht hatte; die er anscheinend am Abend vorher getroffen hatte.* 6 Var. *In letzter (in der letzten) Minute.* 7 **angelaufen:** var. *gelaufen; angerannt.* 8–9 Var. *fuhr der Zug ab.* 10 Var. *Dies war ein Vorwand für sie.* 11 **hielt an:** var. *dauerte an.* 13 Var. *das beständig schlechter wurde.* 14 Var. *Stunden, die sie ausfüllen mußten; die sie irgendwie verbringen mußten.* 16 **Steingut:** var. *Töpferwaren.* 18 Var. *sie würde gerade richtig ... sein.* 19 Var. *Ja wirklich! (Ja freilich!) Du hast recht!*

60 Eine Pension

Frau Aldens jüngerer Bruder Harry ging zu dieser Zeit seinen theologischen Studien in Göttingen nach. Inmitten der roten Ziegeldächer und bescheidenen Gärten wohnte er bei der verwitweten Frau Pastor Schlote, deren ältere Tochter ausländischen Pensionären Deutschunterricht gab. Es war
5 auch noch eine viel jüngere Tochter da, Irma, die erst kürzlich von England zurückgekommen war, wo sie einige Jahre lang eine Lehrschülerin an der St. Felix's Schule für Mädchen aus vornehmen Familien in Southwold in Suffolk gewesen war. Auch Irma gab manchmal Deutschstunden, ihre Hauptbeschäftigung war aber, im Haushalt zu helfen. Manchmal bediente
10 sie sogar bei Tisch, und danach setzte sie sich mit einem Gesicht, glühend von der Hitze der Küche und vor Stolz, nützlich zu sein, auf ihren Platz am unteren Ende des Tisches und berichtete begeistert und mit großer Genauigkeit über die verschiedenartigen Kenntnisse, die sie auf ihren Reisen und bei ihrem Aufenthalt im Ausland erworben hatte. Sie war
15 ebenso glücklich in ihrer Kenntnis, wie man vollkommene Eierkuchen macht oder eine Gans zerlegt wie in ihrer Kenntnis der Schönheiten der englischen Literatur und sogar auch des glänzenden Lebens der englischen Gesellschaft.

1-2 Var. *studierte zu dieser Zeit Theologie in Göttingen.* 2 **der:** var. *dieser, jener.* 4 **gab:** var. *erteilte.* 6 **zurückgekommen:** var. *zurückgekehrt.* 9-10 Var. *Manchmal wartete ... Tisch auf.* 14-16 Var. *Zu wissen, wie man vollkommene Eierkuchen macht oder eine Gans zerlegt, machte sie ebenso glücklich wie ihre Kenntnisse der Schönheiten.* 17 **des glänzenden Lebens:** var. *der Pracht.*

61 Bismarck

Bismarck war siebenundvierzig Jahre alt, als er Ministerpräsident wurde. Niemand hat je dies höchste Amt mit einem dürftigeren Hintergrund von Erfahrung angetreten. Er war nie Minister gewesen und war nur wenige Monate seiner aufrührerischen Jugend, und zwar vor beinahe
5 zwanzig Jahren, im Staatsdienst tätig gewesen. Während seiner kurzen Zeit im Landtag hatte er nur extreme reaktionäre Ansichten geäußert; er hatte nicht versucht, Stimmen zu gewinnen oder mit anderen zusammen zu arbeiten. In Frankfurt hatte er gegen Österreich gekämpft, aber nicht Diplomatie im üblichen Sinne ausgeübt. Er hatte keine Freunde, keinen
10 gesellschaftlichen Kreis, abgesehen von ein paar Speichelleckern, die taten, was er diktierte. Während ein englischer Premierminister die Parlamentsferien damit zu verbringen pflegte, von einem großen Landsitz zum anderen zu gehen, zog sich Bismarck auf sein eigenes Gut zurück und sah niemand. In späteren Jahren war er oft monatelang, einmal sogar zehn
15 Monate, von Berlin abwesend. Er wird oft ein Junker genannt, und sicher-

lich liebte er es, sich als Gutsbesitzer zu geben. Aber er hatte eine geringschätzige Meinung von den anderen Junkern und warf unbedenklich ihre Interessen über Bord, sooft es seiner Politik entsprach. Sein Ziel war, in allem, was er unternahm, erfolgreich zu sein, oder, wie er es nannte, Gottes Willen zu erfüllen; und ganz sicher hielt er nicht jedes junkerliche Vorurteil für göttliche Fügung. Das einzige, was ihn im Zaume hielt, war der Wille des Königs, aber er war fest entschlossen, dafür zu sorgen, daß der König wollen sollte, was er wollte.

2 **dies:** var. *dieses.* **höchste:** var. *oberste.* 3–5 Var. *und hatte nur ... Staatsdienst verbracht.* 6 Var. *extremen reaktionären Ansichten Ausdruck gegeben.* 9 Var. *im gewöhnlichen Sinne.* 10 **Speichelleckern:** var. *Kriechern, Schmarotzern.* **taten:** var. *schrieben.* 10–11 Var. *die nach seiner Pfeife tanzten.* 14 **monatelang:** var. *für Monate; mehrere Monate hintereinander.* 16 Var. *liebte er es, als Gutsbesitzer zu gelten.* 18 Var. *es in seine ...paßte.* 22–23 Var. *daß der Wille des Königs sein Wille sei.*

62 Dialog

„Und dann hast du eingehängt?"
„Nein, er. Es war sicher seine Teezeit."
„Hat er gesagt, er würde nochmal anrufen?"
„Nein, er sagte nicht, was er hatte sagen wollen."
„Hast du gesagt, daß ich auf dem Rückwege war?"
„Nein, warum denn? Er hat ja nicht danach gefragt."
„Wann hat er denn gedacht, daß ich zurück sein würde?"
„Ach, das kann ich dir wirklich nicht sagen, bestimmt nicht."
„Was kann ihn nur dazu gebracht haben, an einem Freitagmorgen fortzugehen?"
„Das kann ich dir auch nicht sagen. Geschäfte im Büro, ohne Zweifel."
„Das kommt mir aber sehr komisch vor."
„Eine ganze Menge in dem Büro kommt mir komisch vor. Aber das geht mich doch nichts an."
„Hör zu, Matchett—nur eins noch: war ihm klar, daß ich gerade an dem Abend zurückkommen würde?"
„Was ihm klar oder nicht klar war, kann ich dir nicht sagen. Alles, was ich weiß, ist nur, daß er endlos weiter schwatzte."
„Er kann schwatzen, ich weiß. Aber meinst du nicht—"
„Jetzt hör aber mal zu! Ich meine gar nichts. Dazu habe ich nicht die Zeit, wirklich nicht. Und was ich nicht meine, das meine ich nicht—das müßtest du doch wissen. Und Geheimnisse mache ich auch nicht. Wenn ich nicht daran gedacht hätte, es zu sagen, würdest du vermutlich niemals daran gedacht haben, mir zu erzählen, daß er bei Frau Hecomb gewesen war? Jetzt sei mal lieb und geh von meinem Tisch herunter, während ich mein Bügeleisen einschalte. Ich muß noch etwas bügeln."

1 Var. *So, und dann.* 2 Var. *Nein, er hat eingehängt.* **sicher:** var. *sicherlich; ohne Zweifel; zweifellos.* 3 Var. *daß er noch einmal anrufen würde?* 4 Var. *er ließ ungesagt, was er eigentlich hatte sagen wollen.* 7 **zurück sein würde:** var. *heimkäme?* 9 **gebracht:** var. *veranlaßt; bewogen.* 10 **fortzugehen:** var. *wegzufahren.* 11 **Geschäfte:** var. *Geschäftsangelegenheiten.* 12, 13 **komisch:** var. *eigenartig; sonderbar.* 13-14 Var. *Es ist nicht an mir, etwas (darüber) zu sagen.* 15 Var. *Hör mal zu.* Var. *nur noch eins; nur noch eine Sache.* Var. *hat er begriffen, daß.* 17-18 Var. *Ich weiß nur eins, daß.* 18 **schwatzte:** var. *quasselte.* 19 **meinst:** var. *denkst.* 20-21 Var. *Ich habe wirklich keine Zeit dazu.* 22 **auch nicht:** var. *auch keine.* 23 **vermutlich:** var. *gar; wohl.* 25 Var. *So, jetzt sei mal vernünftig.* 25 **herunter:** var. *runter.* 26 **Bügeleisen:** var. *Plätteisen.* **bügeln:** var. *plätten.*

63 Ein seltsames Paar

Da die Straßen, die vom Strand zum Themseufer führen, sehr eng sind, ist es besser, sie nicht Arm in Arm hinunterzugehen. Wenn du jedoch darauf bestehst, so müssen Aktenschreiber fliegende Sprünge in den Straßenschmutz machen; junge Stenotypistinnen müssen hinter dir
5 kribblig werden. In den Straßen Londons, wo Schönheit unbeachtet vorübergeht, muß man Ausgefallenheit jedoch schwer büßen, und es ist besser, nicht sehr groß zu sein, keinen langen blauen Mantel zu tragen und nicht mit der linken Hand Streiche in die Luft zu tun.

Eines Nachmittags, Anfang Oktober, gerade als der Verkehr begann, sich
10 zu beleben, ging ein großer Mann mit langen Schritten am Rande des Bürgersteiges entlang, eine Dame am Arm führend. Zornige Blicke trafen sie im Rücken. Die kleinen aufgeregten Menschengestalten—denn im Vergleich zu diesem Paar schienen die meisten Leute klein—mit Füllfederhaltern geschmückt und mit Aktentaschen beladen, hatten Verab-
15 redungen einzuhalten und bezogen ein wöchentliches Gehalt, so daß es einen Grund für die Unfreundlichkeit gab, mit der Mr. Ambroses Größe und Mrs. Ambroses Mantel angestarrt wurden. Aber eine Art Verzauberung hatte beide, Mann und Frau, der Reichweite von Bosheit und Unbeliebtheit entrückt.

2 Var. *nicht eingehakt.* 5 **kribblig:** var. *unruhig; zappelig; nervös.* 6 **Ausgefallenheit:** var. *Exzentrizität; Sonderlichkeit; Überspanntheit.* 8 Var. *Streiche in die Luft zu schlagen.* 9-10 Var. *begann lebhafter zu werden.* 10 Var. *ging ein Mann von hoher Gestalt, weitausschreitend.* 11 Var. *mit einer Dame am Arm.* 14 **Aktentaschen:** var. *Aktenmappen.* 18 Var. *jenseits der Reichweite (außer Reichweite) von ... gesetzt.*

64 Der abwesende Gastgeber

Das Haus kehrte gleichsam seine Rückseite dem Fluß und dem einzigen Landungsplatz zu; der Haupteingang lag auf der anderen Seite und blickte auf den langen Inselgarten hinunter. Die Besucher näherten sich daher auf einem kleinen Pfad, der dicht unter dem niedrigen Dachrand um fast drei Seiten des Hauses herumlief. Durch drei verschiedene Fenster blickten 5 sie von drei verschiedenen Seiten in denselben langen, gut beleuchteten Raum, der mit hellem Holz getäfelt war, eine große Anzahl von Spiegeln enthielt und wie für ein elegantes Mittagessen hergerichtet war. Die Vordertür, als sie schließlich bei ihr angekommen waren, war zu beiden Seiten von je einem türkisblauen Blumentopf flankiert. Sie wurde von einem 10 Diener von der griesgrämigeren Sorte—groß, hager, grau und teilnahmslos —geöffnet; er murmelte, Prinz Saradine sei augenblicklich nicht anwesend, werde aber stündlich zurückerwartet; das Haus werde immer für ihn und seine Gäste bereitgehalten. Das Vorzeigen der Karte mit dem Gekritzel in grüner Tinte erweckte einen Funken von Leben in dem pergamentenen 15 Gesicht des deprimiert aussehenden Bedienten, und mit etwas ungewisser Höflichkeit schlug er vor, daß die Fremden bleiben sollten. „Seine Hoheit kann jede Minute hier sein", sagte er, „und würde es tief bedauern, jedweden Herrn gerade verpaßt zu haben, den er eingeladen hatte. Wir haben Befehl, stets einen kalten Imbiß für ihn und seine Freunde bereitzuhalten, und ich 20 bin sicher, daß seine Hoheit wünschen würde, daß dieser angeboten wird."

1 Var. *Das Haus stand sozusagen mit seinem Rücken dem Fluß zugekehrt.*
9–10 Var. *hatte rechts und links davon je einen türkisblauen Blumentopf stehen.* 11 **teilnahmslos:** var. *apathisch; gleichgültig.* 13 Var. *jede Stunde erwartet.* 18 Var. *und es würde seiner Hoheit leid tun; und seine Hoheit würde unglücklich darüber sein.* 21 Var. *daß es der Wunsch seiner Hoheit wäre.* **wird:** var. *werde.*

65 Luther

Als Luther den Wert der Ablässe hier und im Jenseits erörterte, hatte er nichts anderes im Sinne und sah nicht weiter darüber hinaus. Aber nun sah er die Kluft und besaß das Prinzip, auf das er seine Theologie, seine Ethik, seine Politik, seine Theorie über Kirche und Staat gründen konnte, und er machte sich daran, seine Ideen in drei berühmten Werken gründ- 5 lich darzulegen, die als seine Reformationstraktate bekannt sind und die im Jahre 1520 erschienen. Luther sind seine Ideen zu seiner Grundlehre früh in seinem Leben gekommen, nicht durch Bücher, sondern von einem Freund dazu angeregt. Nachdem ihn all die Bemühungen und Hilfsmittel klösterlicher Kritik nur zur Verzweiflung gebracht hatten, sagte ihm einer 10 der Brüder, daß nicht seine eigenen Werke ihm Erlösung von dem Gefühl unvergebener Sünden bringen könnten, sondern nur der Glaube an das Verdienst Christi. Er fand solchen Trost in der Idee, die zur Lehre der imputativen Rechtfertigung wurde, und er ergriff sie mit solcher Energie, daß die Welt dadurch verwandelt wurde. Logisch schien die Lehre der 15

Prädestination daraus zu folgen, wie auch die Ablehnung der Willensfreiheit; und da das Amt des geweihten Priesters überflüssig wurde, so folgten auch logischerweise das allgemeine Priestertum und die Ablehnung des Prälatentums. Dies wurde alles in seinen Schriften von 1520 ausführ-
20 lich ausgearbeitet.

2 **nun:** var. *jetzt.* 6 **darzulegen:** var. *zu erklären.* 7 **erschienen:** var. *veröffentlicht wurden.* 7–9 Var. *Leben nicht durch Bücher, sondern durch die Anregungen eines Freundes gekommen; Luther hatte früh in seinem Leben seine Grundlehre aufgestellt; Nicht Bücher, sondern ein Freund hatte Luther früh in seinem Leben die Ideen zu seiner Grundlehre vermittelt; Luther kam früh in seinem Leben zu den Grundideen seiner Lehre, nicht ...* 11 Var. *eigenen guten Werke.*

66 Drei Frauen

Anna Donne war eine kleine, hochschultrige Frau von dreißig Jahren mit einem großen Kopf, der sie klein zu machen schien, mit runden, offenen, nußbraunen Augen unter einer fliehenden Stirn dicht neben der unregelmäßigen Nase, und mit einer ungewöhnlich rötlichen Tönung in Haar und
5 Augenbrauen, was zu ihrer wunderlichen Erscheinung beitrug. Eine Kusine ihres Vaters, Clara Bell, der Familie und so vielen Leuten außerhalb derselben, wie sie dazu zu bewegen vermochte, unter dem Namen Claribel bekannt, war eine große, dünne, sich aufrecht haltende Frau von sechsundfünfzig Jahren, mit dem Anschein von Vornehmheit und Schön-
10 heit, wobei ihre schmalen, derben Gesichtszüge überraschend wirkten. Sie hatte sorgfältig frisiertes graues Haar, das sie oft mit der Absicht sich zu beruhigen anfaßte, und eine etwas unmelodische Stimme, die sie gewöhnlich dazu gebrauchte und oft deswegen erhob, um die Aufmerksamkeit auf sich zu lenken. Maria Jennings, deren alltäglicher Name Jenney war, die
15 Haushälterin in dem mutterlosen Hause, war eine Frau ähnlichen Alters, aber klein und kräftig. Sie hatte ausgeprägte Züge, die im Eifer oder bei Teilnahme aus ihrem Gesicht herauszutreten schienen, und große, sanfte, glückliche Augen, ein gleichmäßiges, fast zerstreutes Betragen und ein Aussehen, als verlange sie wenig vom Leben und als sei sie zufrieden und
20 beinahe erregt, wenn sie dieses wenige doch bekam.

2 Var. *der sie zu verkürzen schien.* 2–4 Var. *Sie hatte runde, offene, nußbraune ... Nase und eine ungewöhnlich rötliche.* 5 **wunderlichen:** var. *seltsamen.* 7 Var. *wie sie dazu bewegen konnte (zu bewegen verstand).* 8 **aufrecht:** var. *gerade.* 9–10 Var. *mit einem gewissen Anschein, vornehm und schön zu sein.* 10 Var. *Gesichtszüge eine Überraschung waren.* 11 **frisiertes:** var. *gebürstetes; gekämmtes; aufgestecktes.* 11–12 Var. *oft, um sich zu beruhigen, anfaßte.* 12–14 Var. *die gewöhnlich dazu gebraucht und oft deswegen erhoben wurde, um die Leute auf sich aufmerksam zu machen.*

15 Var. *in ähnlichem Alter.* 16 **ausgeprägte:** var. *prominente; hervortretende; hervorstechende.* 16–17 Var. *die vor Begeisterung oder Teilnahme sich aus ihrem Gesicht herauszuheben schienen.* 20 **erregt:** var. *aufgeregt.*

67 Nietzsche

Er verurteilt christliche Liebe, weil er denkt, daß sie aus Furcht entspringe. Ich fürchte mich davor, daß mein Nächster mir Schaden zufügen könne, und so versichere ich ihm, daß ich ihn liebe. Wäre ich stärker und kühner, so würde ich die Verachtung offen zur Schau tragen, welche ich natürlich für ihn empfinde. Nietzsche fällt es nicht ein, daß es möglich sei, allumfassende Liebe wirklich zu fühlen, weil er selbst offensichtlich beinahe universellen Haß und universelle Furcht fühlt, die er wohl gern als erhabene Gleichgültigkeit verkleiden möchte. Sein „edler" Mensch — der er selbst in seinen Wachträumen ist, — ist ein Wesen, das völlig ohne Mitleid ist, unbarmherzig, schlau, grausam, nur auf seine eigene Macht bedacht. Am Rande des Wahnsinns sagt König Lear:

> Was, weiß ich selbst noch nicht; doch sie soll'n werden
> will solche Dinge tun,
> Das Grau'n der Welt."

Dies ist in aller Kürze Nietzsches Philosophie.

Es fiel Nietzsche niemals ein, daß die Machtgier, mit der er seinen Übermenschen ausstattet, selbst der Furcht entspringt. Diejenigen, die ihren Nächsten nicht fürchten, haben es nicht nötig, ihn zu tyrannisieren. Menschen, die die Furcht bezwungen haben, haben nicht das Wahnsinnige von Nietzsches Nero-Künstler-Tyrannen, die Musik und Gemetzel zu genießen versuchen, während ihr Herz mit Grauen vor der unvermeidlichen Palastrevolution erfüllt ist. Ich will nicht leugnen, daß die wirkliche Welt teilweise als Ergebnis seiner Lehre seinem Alpdruck sehr ähnlich geworden ist, aber das macht seine Lehre nicht weniger entsetzlich.

1. Var. *sie der Furcht entspringe; aus Furcht hervorgehe; sich auf Furcht aufbaue; sich auf Furcht begründe.* 2 Var. *daß mein Nachbar mir schaden könne; davor, mein Nachbar könne Schaden zufügen.* 3 **liebe:** var. *lieb habe.* 4 **offen:** var. *öffentlich.* 5 Var. *Nietzsche kommt es nicht in den Sinn; zieht es nicht als Möglichkeit in Betracht.* 6 **fühlen:** var. *empfinden.* 7–8 Var. *gern in den Mantel der Gleichgültigkeit hüllen möchte.* 9–10 Var. *Wesen bar jeglichen Mitleids; völlig mitleidloses Geschöpf.* 10–11 Var. *um seine eigene Macht besorgt.* 15 Var. *in knappster (gedrängter) Form* (in nuce) *Nietzsches Weltanschauung.* 16 **Machtgier:** var. *Herrschsucht.* 17–18 Var. *die keine Furcht vor ihrem Nachbarn haben, brauchen ihn nicht zu ...* 19 Var. *Menschen, die sich nicht fürchten.* **bezwungen:** var. *überwunden.* **das Wahnsinnige:** var. *den Wahnsinn.*

68 Die Fernsicht

Es war eine Gegend, die ihm eine körperlose Behendigkeit, eine überirdische Freiheit zu versprechen schien. Schon ihre Grenzen waren unwirklich — Bergkonturen, so zart am Horizont hingezeichnet, daß die Mittagsstunde sie mit dem weißglühenden Himmel verschmolz. Erst bei
5 Sonnenuntergang wurden diese Berge Wirklichkeit. Erst dann traten sie klar und doch schwermütig aus dem Nichts heraus und verwandelten sich in Schönheit. Felswände, Zinnen, Bergketten nahmen dann eine Gegenständlichkeit an, die gerade dicht genug war, um die Farbtöne von Gold und Rosa aufzufangen, die die Luft durchfluteten. Das wässerige Glitzern
10 der Luftspiegelung zu ihren Füßen war jetzt hinweggenommen. In ihrer Entrücktheit gaben die Berge einen Maßstab für den dazwischenliegenden, trostlosen Raum. Dies aber dauerte nur wenige Minuten. Schnell aufsteigend, tauchte die Dämmerung sie ein, und was tagsüber in der Grelle von oben her verborgen war, wurde nun in dem Dunkel von unten her
15 ertränkt. Die Nacht wälzte sich über die Ebene, scharf glänzende Sterne durchstachen das Blau; in einem Augenblick war nichts mehr übrig als das geschwisterliche Dunkel von Himmel und Erde.

1-2 **überirdische:** var. *unirdische.* 3 Var. *die Umrisse der Berge so zart am Horizont gezeichnet.* 4-5 Var. *Erst beim Sonnenuntergang gewannen diese Berge Wirklichkeit.* 6 Var. *heraus* can be omitted. 6-7 Var. *und wurden schön.* 7 **Felswände:** var. *Fels(-en)klippen.* 7-8 Var. *nahmen dann ausreichend Körperlichkeit (Körperlichkeit genug) an,* die *Farbtöne.* 9 **Glitzern:** var. *Glänzen.* 10 **hinweggenommen:** var. *fortgezogen, weggezogen.* 11 Var. *wurden die Berge zu einem Maßstab.* 11-12 Var. *den öden Raum dazwischen.* 12 Var. *Aber dies dauerte nur einige wenige Augenblicke.* **Schnell:** var. *Eilends.* 13 Var. *verhüllte sie Dämmerung, und.* **tagsüber:** var. *unter Tage.* Var. *in dem grellen (blendenden) Glanz.* 14 Var. *ward nun in der Dunkelheit.* 15 **wälzte sich:** var. *entrollte sich.* 15-16 Var. *stechend funkelnde Sterne durchbrachen.* 16-17 Var. *blieb nichts mehr übrig als das doppelte Dunkel.*

69 Die Abendklasse

Daß Herr B. eingeschlossen worden war, wurde aber sofort bekannt, und die Abendklasse, gewöhnlich so unbändig, wurde durch das Ereignis so eingeschüchtert, daß sie sich mit musterhaftem Anstand benahm. Ohne einen Lehrer in der Nähe, in einer Stille, die selten durch Kichern oder
5 Auspfeifen unterbrochen wurde, saßen wir da und arbeiteten fleißig oder taten, als ob wir arbeiteten. Als ich tief über mein Buch gebeugt saß, begannen tausend neue Gedanken mir durch den Kopf zu branden. Ich war der Befreier, der Tyrannenmörder; ich hatte alle meine Mitschüler von dem verhaßten Bedrücker befreit. Sobald sie es erfahren würden, daß

ich es war, würden sie mich sicher umdrängen, sicherlich würde ich
jetzt doch wohl etwas im Schulleben bedeuten, nicht mehr ein bloßer
mittrottender Schatten oder ein unsichtbares Wesen sein. Die Pause
schien lange zu dauern; endlich wurde Herr B. von einem Diener freigelassen, und er kam in das Schulzimmer herauf und fand uns in einem
verhängnisvollen Zustand banger Erwartung.
Zuerst sagte er nichts. Er sank auf einen Stuhl in einer halbohnmächtigen
Haltung und hielt sich dabei mit der Hand die Seite. Sein Kummer und
sein Schweigen verdoppelten das Erstaunen der Jungen und erfüllten mich
mit etwas, was der Reue ziemlich ähnlich war. Zum erstenmal fiel es mir ein,
daß er ein Mensch war, daß er vielleicht litt. Bald darauf erhob er sich,
nahm eine Schiefertafel, auf die er zwei Fragen schrieb: Hast du es getan?
Weißt du, wer es getan hat? und legte sie jedem Jungen der Reihe nach vor.
Das sofortige, doppelte Nein in jedem Fall schien seine Verzweiflung
immer mehr auf die Spitze zu treiben.

2 **unbändig**: var. *widerspenstig.* 3 Var. *daß sie sich musterhaft benahm.*
6 Var. *als arbeiteten wir.* 7 Var. *durch den Kopf zu gehen; in meinem
Kopf aufzutauchen.* 9 **verhaßten**: var. *gehaßten; widerlichen.* Var.
Wenn sie erfuhren, daß. 10–11 Var. *würden sie sich sicher um mich
scharen; würden sie mich sicher umringen.* 12 **mittrottender**: var. *mittrabender.* **unsichtbares Wesen**: var. *unsichtbar Anwesender.* 15 **Zustand
banger Erwartung**: var. *Spannungszustand; Zustand der Spannung.* 17
Kummer: var. *Schmerz.* 18 **verdoppelten**: var. *verstärkten; erhöhten.* 19
Var. *ziemlich gleichkam.* 20 **Bald darauf**: var. *Und dann.* 23–24 Var.
Hoffnungslosigkeit immer mehr zu vermehren.

70 Goethe als Naturforscher

Bis zu welchem Grade Goethe in naturwissenschaftlichen Dingen ungewöhnlich war, stellt sich erst dann in vollem Umfange heraus, wenn
er sich mit dem Naturforscher selbst zu befassen beginnt. Hier vertritt er
einen unerwarteten, aber ganz konsequenten Standpunkt. Wenn das Ziel
der Naturforschung, wie er es auffaßte, darin besteht, die unendliche
Mannigfaltigkeit, die unendlichen Einzelheiten des natürlichen Weltalls
in ihrer Einheit oder in ihrer Gesamtheit zu erfassen, so muß derjenige, der
sie zu erfassen sucht, da er selbst ein Teil des natürlichen Weltalls ist, an
dieser Gesamtheit teilnehmen, oder er ist der Aufgabe nicht gewachsen.
All die vereinzelten Entdeckungen in der Welt sind zu nichts nütze, wenn
die lebendige und ungeteilte Persönlichkeit fehlt, sie aufzunehmen. In
Übereinstimmung mit diesem Kriterium, das Goethe gemäß ist, obgleich
schwer anwendbar auf andere, es sei denn, sie haben es in sich, ihm zu
folgen und ihm zu gleichen, mißtraute er jeder bloßen intellektuellen oder
fingerfertigen Begabung im Naturwissenschaftler und forderte, daß dieser
alle seine Fähigkeiten, alle seine zusammengefaßten Fähigkeiten den
Problemen zuwendet, die er in Angriff nimmt.

1 **Bis zu welchem Grade:** var. *Inwieweit.* 2-3 Var. *erweist sich erst dann in vollem Umfange, wenn er dazu kommt, sich mit ... befassen.* 3-4 Var. *Hier stellt er sich auf einen; Hier nimmt er einen ... ein.* 6 **Mannigfaltigkeit:** var. *Verschiedenheit; Verschiedenartigkeit.* 6-7 Var. *Weltalls als Einheit oder als Gesamtheit zu begreifen.* 9. Var. **nütze:** var. *nutzlos; unnütz.* 11 Var. *fehlt, sie zu empfangen.* 12 Var. *mit diesem Maßstab, der ...; Dieser Differenzierung gemäß, die auf Goethe paßt (die für Goethe gilt; die sich für Goethe eignet).* 16-17 Var. *alle ... auf die Probleme verwende (anwende); mit aller seiner Fähigkeit auf die Probleme zugeht; sich mit ... auf die Probleme konzentriert.* 17 Var. *die er zu lösen unternimmt.*

71 Die Weigerung

„Was hat er getan—was weißt du darüber?"
„Er hat nie etwas getan—er ist ein egoistischer Faulenzer."
„Ach, Vater, beleidige ihn nicht!" rief sie beschwörend aus.
„Ich will ihn ja nicht beleidigen; das wäre ein großer Fehler. Du kannst
5 tun, was du willst", fügte er, sich abwendend, hinzu.
„Ich darf ihn wiedersehen?"
„Ganz wie du willst."
„Wirst du mir vergeben?"
„Unter keinen Umständen."
10 „Es wird ja nur noch einmal sein."
„Ich weiß nicht, was du mit ‚Nur noch einmal' meinst. Du mußt ihn entweder aufgeben oder die Bekanntschaft mit ihm fortsetzen."
„Ich will ihm nur erklären—ihm sagen, daß er warten muß."
„Warten? Worauf?"
15 „Bis du ihn besser kennst—bis du einwilligst."
„Sag ihm keinen solchen Unsinn! Ich kenne ihn gut genug, und ich werde niemals einwilligen."
„Aber wir können lange warten", sagte die arme Catherine in einem Ton, der demütigste Versöhnung ausdrücken sollte, aber auf die Nerven des
20 Vaters die Wirkung einer keineswegs taktvollen Wiederholung hatte.
Der Doktor antwortete jedoch sehr ruhig: „Du kannst natürlich warten, bis ich sterbe, wenn du willst."
Catherine stieß einen Schrei natürlichen Entsetzens aus.
„Deine Verlobung wird wenigstens eine reizende Wirkung auf dich
25 haben; sie wird dich äußerst ungeduldig auf dieses Ereignis warten lassen."

1 **darüber:** var. *davon.* 2 **Faulenzer:** var. *Faulpelz.* 3 **beleidige:** var. *beschimpfe; schmähe.* 5 **tun:** var. *machen.* Var. *hinzu, indem er sich abwandte.* 9 Var. *Keineswegs.* 10 Var. *nur dies eine Mal noch.* 13 **will:** var. *möchte.* 14 **Worauf?:** var. *Auf was?* 15 Var. *bis du einverstanden bist.* 16 Var. *Sage ihm nichts dergleichen.* 21 **ruhig:** var. *gelassen.* 22 **sterbe:** var. *tot bin.*

72 Englischer Lehrer in Indien

Seine Karriere, obgleich sie eine akademische war, war abwechslungsreich, und dazu hatte auch gehört, auf den Hund zu kommen und es nachher zu bereuen. Nun war er ein zäher, gutgelaunter und intelligenter Kerl an der Schwelle mittleren Alters und legte großen Wert auf Bildung. Es machte ihm nichts aus, wen er unterrichtete; Internatsschüler, geistig 5 Minderwertige und Polizisten, alle waren ihm über den Weg gelaufen, und er hatte nichts dagegen, auch noch Inder hinzuzufügen. Auf Grund der Fürsprache von Freunden wurde er zum Direktor des kleinen Colleges in Tschandrapur ernannt, es gefiel ihm gut, und er nahm an, daß er erfolgreich war. In der Tat hatte er im Hinblick auf seine Schüler Erfolg, aber 10 die Kluft zwischen ihm und seinen Landsleuten, wie er es im Zuge bemerkt hatte, erweiterte sich auf beklemmende Weise. Er konnte zuerst nicht sehen, was schief gegangen war. Er war nicht unpatriotisch, in England kam er mit Engländern immer gut aus, alle seine besten Freunde waren Engländer, warum war es denn nicht genau so hier draußen? Der 15 äußeren Erscheinung nach groß und zottelhaarig, mit schlaksigen Gliedern und blauen Augen, schien er Vertrauen einzuflößen, bis er anfing zu sprechen. Dann machte irgend etwas in seinem Verhalten die Leute stutzig, und es gelang ihm nicht, das Mißtrauen, das sein Beruf natürlicherweise einflößte, zu beschwichtigen. Es muß dieses Übel von Intellektuellen in 20 Indien geben, aber wehe dem, durch dessen Hilfe sie vermehrt werden! Das Empfinden wuchs, daß Mr. Fielding eine zersetzende Kraft war, und mit Recht, denn Ideen sind dem Kastenwesen verhängnisvoll, und er gebrauchte Ideen in jener höchst wirkungsvollen Methode — im Gedankenaustausch. 25

1 Var. *Obgleich seine Laufbahn eine akademische war, war sie abwechslungsreich.* 2 Var. *vor die Hunde zu gehen; ganz herunterzukommen.* 3–4 Var. *am Anfang der mittleren Jahre.* 4 Var. *hielt viel von; glaubte sehr an.* 4–5 Var. *Es kam ihm nicht darauf an, wen.* 5 **Internatsschüler:** var. *'public schoolboys'.* 6 **Minderwertige:** var. *Zurückgebliebene.* 6 Var. *mit allen hatte er zu tun gehabt.* 7–8 Var. *Dank der Fürsprache von; Durch Einfluß von.* 8–9 Var. *als Direktor an das kleine ... berufen.* 9 Var. *Er war gern dort.* 9–10 Var. *Erfolg hatte.* 10 Var. *Er hatte, was seine Schüler anbetrifft, wirklich Erfolg.* 12 **erweiterte sich:** var. *weitete sich; öffnete sich.* Var. *sich beklemmenderweise; sich auf besorgniserregende (betrübende, beunruhigende) Weise.* 13 Var. *nicht erkennen, was fehl ...* 16 **zottelhaarig:** var. *ungepflegt; ungeschliffen.* 18 **Verhalten:** var. *Benehmen.* **stutzig:** var. *verdutzt.* 20 **beschwichtigen:** var. *beseitigen.* 24 Var. *bediente sich der Ideen in der.*

73 Wahrnehmung

Wir nehmen Dinge im Raume wahr. Unter solchen Dingen sind zum Beispiel Hunde, Stühle, Vorhänge, Wassertropfen, Windstöße, Flammen,

Regenbogen, Glockengeläute, Gerüche, Leiden und Schmerzen. Es gibt eine naturwissenschaftliche Erklärung für den Ursprung dieser Wahrneh-
5 mungen. Diese Erklärung wird in Ausdrücken gegeben wie Moleküle, Atome, Elektronen und ihre wechselseitigen Beziehungen, insbesondere ihre Raumverhältnisse und die sich im Raume fortpflanzenden Störungswellen dieser Raumverhältnisse. Die Grundelemente dieser wissenschaftlichen Erklärung — Moleküle usw. — sind nicht Dinge, die man unmittel-
10 bar wahrnimmt. Wir können zum Beispiel eine Lichtwelle nicht sehen; die Sehempfindung ist die daraus resultierende Wirkung des Aufpralls von Millionen solcher Wellen durch eine gewisse Zeitspanne hindurch. So entspricht das unmittelbar wahrgenommene Objekt einer Reihe von Begebenheiten in der physikalischen Welt, Begebenheiten, die eine
15 Zeitspanne lang dauern. Es ist auch nicht richtig, daß ein wahrgenommener Gegenstand immer derselben Gruppe von Molekülen entspricht. Nach einigen Jahren erkennen wir dieselbe Katze, wir sind jedoch dadurch mit anderen Molekülen in Beziehung gebracht.

6 Var. *ihre Verhältnisse zueinander.* 7 **fortpflanzenden:** var. *verbreitenden.* 9–10 Var. *die unmittelbar wahrgenommen werden.* 15 **dauern:** var. *andauern; anhalten.* 17–18 Var. *es sind jedoch andere Moleküle, mit denen wir jetzt in Beziehung stehen.*

74 Das Bauernhaus

Wir kamen zu einem alten Bauernhof, der auf dem ebenen Vorsprung des Hügels stand. Die Wälder erstreckten sich weithin und ließen eine große Lichtung dort frei, wo einst bebautes Land gewesen war. Die schönen Schornsteine des Hauses, die sich von einem hellen Himmel abhoben,
5 erregten meine Bewunderung. Ich bemerkte, daß kein Licht oder Schimmer in irgendeinem der Fenster war, obgleich das Haus nur ein Zimmer breit und es erst acht Uhr abends war. Wir sahen die lange, eindrucksvolle Fassade an. Mehrere der Fenster waren vermauert, was einen mitleiderregenden Eindruck von Blindheit erweckte; die Stellen, wo der Mörtel von
10 den Mauern abgefallen war, sahen im Schatten schwärzer aus. Wir stießen die Gartentür auf, und als wir den Pfad entlang gingen, streiften Unkraut und vertrocknete Pflanzen unsere Fußknöchel. Wir sahen zu einem Fenster hinein. Das Zimmer war auch noch durch ein Fenster auf der anderen Seite beleuchtet, durch das der Mondschein auf den mit Fliesen belegten
15 Fußboden flutete, der schmutzig und überall unordentlich mit Papier und Strohhalmen bedeckt war. Der Herd lag im Licht, mit all seinem Elend von grauer Asche und aufgehäuften, verkohlten Resten verbrannten Papiers und einer kopflosen Puppe, verkohlt und erbärmlich. Am Rande der Schattenlinie lag eine runde Pelzkappe — die Pelzkappe eines Wild-
20 hüters. Ich machte dem Mondlicht den Vorwurf, daß es in den öden Raum eingedrungen war; Dunkelheit allein wäre anständig und zurückhaltend.

Ich haßte die kleinen Rosen auf dem beleuchteten Stück Tapete. Ich haßte diesen Kamin.

3 **bebautes Land:** *bebauter Boden; kultiviertes Land (Ackerland).*
10 **abgefallen:** var. *abgebröckelt.* 10 Var. *hoben sich im Schatten schwärzer ab; hoben sich schwärzer im* ... *ab.* 12–13 Var. *in ein Fenster hinein; durch ein Fenster.* 13–14 Var. *durch noch ein (durch ein anderes) Fenster gegenüber (auf der gegenüberliegenden Seite).* 14 **das:** var. *welches.* **Fliesen:** var. *Kacheln.* 15–16 Var. *und mit ... bestreut war.* 19–20 **Wildhüters:** var. *Wildhegers; Försters.* 20 Var. *Ich warf dem Mondlicht vor, daß; ich nahm es dem Mondlicht übel, daß.* **öden:** var. *verlassenen.*

75 Zwei Generationen

„Hören Sie mal, altes Haus!" sagte er. „Ich weiß nicht, wie Sie heißen, aber..."
„Fothey, mein Herr", erwiderte der wohlhabend aussehende Mann sofort. „FOTHEY, Fothey." Er verbeugte sich leicht, richtete sich wieder auf und begann, mit der linken Hand sich den Scheitel zu tätscheln. 5
Er verbeugte sich wieder, als das Mädchen ihn wütend ansah und sagte: „Er heißt Mr. Clark, Bob Clark." Sie wandte den Kopf und lächelte stolz ihrem Begleiter zu, der durch diese Vorstellung ein wenig verdutzt zu sein und für den Augenblick den Faden seiner Rede verloren zu haben schien. Nach einer kurzen Pause begann er wieder. „Nun, Mr. Fothey", 10
sagte er, „oder Lord Fothey ..."
„Eigentlich Sir Alfred Fothey", erwiderte der andere. Wieder zeigte er seine Verlegenheit, indem er sich heftig den Scheitel tätschelte. Er sah den jungen Mann beschwörend an, der wieder um Worte verlegen war. Nach einer Pause fügte er traurig hinzu: „Ja, Sir Alfred Fothey. Sie 15
werden vielleicht von meinem jungen Vetter gehört haben. Er war ein Kricketspieler."
Bob Clark sprach nun wieder. „So", sagte er. „Sir Alfred Fothey. Diesmal habe ich's doch richtig gesagt!" Er grinste das Mädchen an.
„Was ich sagen wollte, als ich unterbrochen wurde ..." 20
„Es tut mir wirklich leid, mein Lieber", warf Sir Alfred ein.
„Schon gut, altes Haus. Was ich sagen wollte, war, daß Sie endlich einmal damit aufhören müssen. All dieser patriotische Unsinn, mein ich, und ,Kämpf oder stirb' und dergleichen mehr. Das ist alles Schwindel. Sie sind hinter der Zeit zurückgeblieben, alter Knabe. Das ist es." 25

1–2 Var. *Ich weiß Ihren Namen nicht.* 3 **mein Herr:** var. *lieber Herr.*
4 **leicht:** var. *ein wenig.* 8 **ein wenig:** var. *etwas.* 16 Var. *Vetter haben reden hören.* 23 **Unsinn:** var. *Quatsch.* 24 **dergleichen mehr:** var. *und all das.* 25 Var. *Sie sind allzu rückständig mit Ihren Ansichten.*

51

76 Winckelmann

Bald darauf finden wir Winckelmann in der Bibliothek in Nöthenitz. Von dort aus besuchte er häufig die Sammlung von Altertümern in Dresden. Er lernte viele Künstler kennen, vor allem Oeser, Goethes späteren Freund und Lehrer, der hohe Kultur mit praktischer Kunstkenntnis vereinigte
5 und geeignet war, Winckelmanns Bildung zu fördern. Und nun eröffnete sich ihm ein neuer Weg zu enger Verbindung mit dem griechischen Leben. Bisher hatte er sich nur mit den Worten der griechischen Dichtung befaßt, durch sie zweifelsohne angeregt und aufgerüttelt, hinter den Worten das unausgesprochene Pulsieren des sinnlichen Lebens jedoch ahnend.
10 Plötzlich steht er mit diesem Leben in Berührung, das in den Überresten der bildenden Kunst noch glühte. Da unsere Kultur jetzt so von klassischem Geist durchdrungen ist, können wir uns kaum vorstellen, wie tief der menschliche Geist bewegt wurde, als in der Renaissance, inmitten einer erstarrten Welt, das begrabene Feuer der antiken Kunst wieder aus
15 der Erde hervorstieg.

1 Var. *zu Nöthenitz.* 2 **häufig**: var. *oft.* 4 Var. *praktischer künstlerischer Ausbildung.* 5 Var. *W. zu helfen, seine Bildung zu vervollkommen; W. bei der Vervollkommnung seiner Bildung behilflich zu sein.* 6 Var. *Weg zur Begegnung mit dem griechischen Leben; Weg, in das griechische ... einzudringen; Weg, sich mit dem ... vertraut zu machen.* 7 Var. *war er nur mit ... umgegangen.* 8–9 Var. *den unausgesprochenen Pulsschlag ... jedoch erahnend.* 10 Var. *kommt er ... in Verbindung.* 10–11 Var. *das in dem, was von der bildenden Kunst noch übriggeblieben war, noch glühte.* 11 **von**: var. *mit.* 15 **hervorstieg**: var. *emporstieg.*

77 Früh am Morgen

John Sands schüttelte sich die Jacke seines Schlafanzuges vom Rücken und stand eine Weile vor dem Fenster. Hagelkörner prasselten in die Regenrinne draußen, und der Wind hämmerte dumpf gegen die bunten Fensterscheiben und sandte scharfe Nadeln von Zugluft durch jede Ritze
5 und einen Schwall feuchter Luft durch die hohe, offene Scheibe, so daß es ihn kalt an Schenkeln und Brustkorb überlief. Die Luft roch nach Ruß. Er drückte den Kopf gegen das kalte Glas. Vom Wind getriebene Hagelschauer fegten in Wirbeln zwischen den Häusern, sprangen von dem asphaltierten Bürgersteig zurück und verschleierten die Schieferdächer mit
10 einer dichten Decke abprallender weißer Steine. In der Missionsstraße ging eine einzelne, einsame Gestalt, unter einem Cape in sich zusammengezogen, platschend durch die Pfützen zur Arbeit und eilte, die halbacht-Fähre zur Stadt zu erreichen. John trat zurück, um das offene Fenster zuzuwerfen, stand und starrte in das Gewitter und ließ das bunte
15 Glas die Verrücktheit da draußen in ein Farbmuster ordnen von blassem Rubinrot, Türkis und Rostgold.

"Herrlich", sagte er laut, "herrlich", indem er den Schlafrock um die Schultern zog und ins Bad stapfte.

3 hämmerte: var. *schlug; pochte.* 4 **sandte**: var. *jagte.* 11 **Cape**: var. *Umhang.* 12 Var. *eilte, um die.* 18 **stapfte**: var. *trottete.*

78 Der gebildete Mensch

Niemand ist gebildet, der die Bedeutung der beiden Wörter: "Maßstäbe" und "Freizeit" nicht kennt und sich deren Wichtigkeit nicht bewußt ist. Man kennt die Bedeutung des Wortes "Maßstab", wenn es einem klar ist, daß es in allen Beschäftigungen und Tätigkeiten ein Erstklassiges gibt, das sich vom Zweitklassigen und Drittklassigen unterscheidet, und daß 5 der Weg zu einem guten Leben der ist, dieses Erstklassige zu kennen und zu wählen. Dieses zu allen Zeiten wichtige Wissen ist von besonderer Bedeutung in einem Zeitalter, das auf allen Gebieten eine unterschiedslose Fülle des Vorzüglichen und Minderwertigen, des Auserlesenen und Wertlosen in unsere Reichweite bringt. Nie war es schwieriger, "das Böse 10 abzulehnen und das Gute zu wählen" ... Eine Hauptschwäche unserer gegenwärtigen Zivilisation liegt zu einem großen Teil in dem Mißbrauch unserer Freizeit, in der Unfähigkeit, sie vom "Spielen" zu unterscheiden. Es gibt unzählige Arten, sie gut anzuwenden. Einige werden sie mit Philosophie oder Naturwissenschaft verbringen, andere mit Radiobasteln, 15 mit Fotografieren, Botanisieren, mit Gärtnern, Bienenzucht, Tierzucht usw. Aber der richtige Gebrauch der Freizeit hat zwei Hauptmerkmale: sie wird nicht dazu verwendet, Geld zu verdienen, auch wenn Geld nebenbei damit verdient werden kann; und sie gibt, was das Spielen nicht tut, dem Verstand, der Einbildungskraft und der Schöpfungskraft freien 20 Spielraum, deren Gebrauch das menschliche Leben bereichert.

2 **Freizeit**: var. *Muße.* 4 **Erstklassiges**: var. *Bestes; Erstrangiges.*
5 **Zweitklassigen**: var. *Zweitbesten; Zweitrangigen.* 8-10 Var. *in jedem Bereich einen unterschiedslosen Überfluß des Guten und Schäbigen, des Auserlesenen und Wertlosen vor uns ausbreitet.* 11 **abzulehnen**: var. *zurückzuweisen.* 14 **Arten**: var. *Weisen.* **anzuwenden**: var. *zu verbringen.* 16 **Gärtnern**: var. *Gartenarbeit.* 18 **verwendet**: var. *gebraucht; benutzt.* 18-19 **Geld nebenbei**: var. *Geld so nebenbei.* 19 Var. *was beim Spielen nicht der Fall ist; und im Gegensatz zum Spielen gibt sie.* 20 **Schöpfungskraft**: var. *der schöpferischen Kraft.* 20-21 Var. *der Schöpfungskraft die Möglichkeit (freien Spielraum), sich zu entfalten und so das menschliche Leben zu bereichern* (rather free translation).

79 Politische Grundsätze Friedrichs des Großen

Im Bereich auswärtiger Beziehungen sind Friedrichs Grundsätze leider viel weniger veraltet. Er würde Palmerstons Aphorismus gutgeheißen

haben, daß England keine ewigen Feinde und keine ewigen Freunde, sondern nur ewige Interessen habe. Ein Land müsse immer zum Krieg
5 gerüstet sein, sei es zum Angriff, sei es zur Verteidigung, und Kriegsbereitschaft hänge von dem Zustand der Armee und der Finanzen ab. Eine Diplomatie ohne Waffen, erklärte er, sei wie Musik ohne Instrumente. Die schwierigste aller Aufgaben eines Herrschers sei, die Beziehungen seines Landes zu anderen Staaten zu leiten, denn es sei von eifersüch-
10 tigen und habgierigen Nachbarn umgeben. Ständige Wachsamkeit sei Vorbedingung zum Weiterleben. Umfassende und zeitgemäße Kenntnis der Hilfsquellen jeder politischen Einheit in Europa, der Eigentümlichkeiten der Völker, des Temperaments der Herrscher, der politischen Tradition und der vorherrschenden Ziele sei erforderlich. Wenige Staaten
15 nur, wenn überhaupt welche, seien mit ihrem Geschick zufrieden, denn sie wollten entweder ihr Gebiet vergrößern oder aber verlorengegangenes Gebiet zurückgewinnen. Da der Mensch ein kampflustiges Tier sei, werde der Friede nicht als die normale Erfahrung einer Gemeinschaft betrachtet, sondern als eine bedenkliche Zwischenzeit, in der man sich von dem
20 letzten Waffengang erhole und auf den nächsten vorbereite.

1 Var. *Auf dem Gebiet.* **Grundsätze:** var. *Maximen.* **leider:** var. *unglücklicherweise.* 2 **veraltet:** var. *überholt.* 2–3 Var. *würde ... zugestimmt (gebilligt) haben; würde mit ... einverstanden gewesen sein.* 3 Var. *weder ewige Feinde ... noch ewige.* **ewigen:** var. *permanenten.* 5 **gerüstet:** var. *bereit.* 5 Var. *zur Offensive, sei es zur Defensive (zum Verteidigungskrieg); entweder offensiv oder defensiv.* 6 **der Armee:** var. *des Heeres.* 9–10 Var. *von neidischen und ... umringt.* 10–11 Var. *Unablässige Wachsamkeit sei Voraussetzung zum Überleben (Lebenbleiben).* 11 **zeitgemäße:** var. *aktuellste; allerneueste.* 12–13 **Eigentümlichkeiten:** var. *Eigenarten, Charaktereigenschaften.* 13 **Temperaments:** var. *Naturells.* 14 **erforderlich:** var. *notwendig; nötig.* 15 **Geschick:** var. *Schicksal; Los.* 15–17 Var. *denn sie hätten entweder den Wunsch, ihr Gebiet zu erweitern (auszudehnen), oder aber (das) zurückzugewinnen, was sie verloren hätten.* 17 **kampflustiges:** var. *kriegerisches.* 19 **bedenkliche:** var. *kipplige; prekäre.* Var. *als eine gefährdete Pause, in der; als ein gefährdeter Zwischenzustand, in dem.*

80 Das Weltall

Glauben Sie nicht, daß wir mit Mißbilligung, die der Verachtung gleichkommt, auf einen Vater herabsehen würden, der seinen Sohn, oder auf einen Staat, der seine Bürger so aufwachsen ließe, daß sie nicht einmal einen Bauern von einem Springer unterscheiden könnten?
5 Es ist jedoch eine nackte, sehr einfache Wahrheit, daß das Leben, das Schicksal und das Glück eines jeden von uns und mehr oder weniger auch derer, die mit uns verbunden sind, wirklich davon abhängen, daß wir etwas von den Regeln eines Spiels wissen, das unendlich viel schwieriger und komplizierter ist als Schach. Es ist ein Spiel, das seit undenklichen

Zeiten gespielt wird und in dem jeder Mann, jede Frau unter uns einer der 10
beiden Spieler in seinem oder ihrem eigenen Spiel ist. Das Schachbrett ist
die Welt, die Figuren sind die Erscheinungen des Weltalls, die Spielregeln sind das, was wir die Naturgesetze nennen.
Der Gegenspieler ist uns verborgen. Wir wissen, daß sein Spiel immer
fair, gerecht und geduldig ist. Zu unserem Schaden wissen wir aber auch, 15
daß er nie einen Fehler übersieht und nie die leiseste Nachsicht mit
Unwissenheit hat. Demjenigen, der gut spielt, werden die höchsten Gewinne mit jener überfließenden Großzügigkeit ausgezahlt, mit der der
Starke seiner Freude über die Entfaltung von Kraft Ausdruck verleiht.
Und derjenige, der schlecht spielt, wird matt gesetzt — ohne Eile, aber auch 20
ohne Barmherzigkeit.

1 Var. *mit Mißbilligung, ja Verachtung auf.* 1–2 Var. *die der Verachtung
gleichkommen könnte; die sich zur Verachtung steigern könnte.* 2–3 Var.
einen Vater betrachten würden ... oder einen Staat. 5 Var. *elementare,
nackte Wahrheit.* 9–10 Var. *das seit jeher gespielt.* 12 Var. *die Phänomene
des Universums.* 14 Var. *Der Spieler auf der anderen Seite (uns gegenüber).* 16–17 Var. *mindeste Rücksicht auf ... nimmt; keine Nachsicht mit
Unwissenheit übt.* 18–19 Var. *mit der der Starke Freude an der Kraft
des anderen zeigt; der Starke seine Freude ... zum Ausdruck bringt; mit
der der Starke freudig die Kraft des anderen anerkennt* (free translation).

81 Theater der Zukunft

Zieht man in Betracht, wie wenig die Dramen der letzten fünfzig Jahre
dem Theater von heute von Nutzen sind, so hätten sie genau so gut nicht
geschrieben zu werden brauchen. Und die Verschwendung geht weiter.
Mag sein, daß auch jetzt noch genau so gute Theaterstücke geschrieben
werden; aber die guten wie die schlechten werden, sobald sie ihren Zweck 5
erfüllt haben, weggeworfen und vergessen. Wir erringen Siege, aber wir
stellen unsere Gewinne nie sicher. Was das heutige Theater entmutigt,
ist die Tatsache, daß alle Arbeit dafür, wie schön und hingebungsvoll sie
auch immer sein mag, doch weiter nichts ist als Sand pflügen.
   Das Heilmittel ist einfach. Die Mehrheit der Theater in einer Großstadt 10
braucht sich nur mit dem Drama des Augenblicks zu befassen. Dies kann in
seiner Art ausgezeichnet sein; und in Wirklichkeit waren die allergrößten
Schauspiele einmal Dramen des Augenblicks, da der Dramatiker, der sich
einbildet, für die Nachwelt zu schreiben, gewöhnlich auch dieses Ziel
verfehlt. Nur eins ist notwendig: daß zwei oder drei Theater—oder soviele, 15
wie sie ein Publikum dafür finden können—den dauernden Interessen des
Dramas entsprechend eingerichtet werden. Es ist nicht wichtig, wie man
die Theater nennt—Staats-, Stadt- oder Repertoiretheater. Auch gibt
es nicht nur eine einzige Weise, wie man sie organisieren sollte (obwohl
es mehrere Arten gibt, wie man dies nicht tun sollte). Man muß nur ihren 20

55

Zweck im Auge behalten und sich vergegenwärtigen, daß die dauernderen Interessen des Dramas nicht identisch sein können mit dessen Ausnutzung für den augenblicklichen, größten finanziellen Gewinn, auch wenn beides gelegentlich einmal zusammenfallen kann.

1 Var. *Wenn man in Betracht zieht, wie wenig nützlich die Dramen.* 3 **Verschwendung:** var. *Vergeudung.* 6 **weggeworfen:** var. *beiseite getan; über Bord geworfen.* 6–7 Var. *Wir tragen Siege davon, versichern uns aber nie unserer Gewinne; festigen aber unsere gewonnenen Positionen nie.* 8–9 Var. *aufopfernd sie auch immer sei.* 10 Var. *Dem ist leich abzuhelfen, Dem kann leicht abgeholfen werden.* 13–14 Var. *denkt (sich einbildet), daß er ... schreibt.* 15–17 Var. *Alles, was notwendig ist, ist ... einzurichten.* 15–16 Var. *oder noch so viele mehr, wie.* 16 Var. *darauf an, wie.* 19 **Weise:** var. *Möglichkeit.* 23 **finanziellen Gewinn:** var. *Kassenerfolg.* 23–24 Var. *wenn auch gelegentlich das eine nicht das andere ausschließt; wenn auch beides einmal zusammentreffen kann; wenn auch gelegentlich beides sich miteinander deckt; das eine sich mit dem anderen deckt.*

82 Unerwarteter Ausgang

Während ich diese Bewegungen machte, sah ich Sammys Gesichtszüge sich zu einem Ausdruck erheuchelten Nichtverstehens erweichen.
„Was machen Sie denn da?" fragte er.
Darauf war ich nicht gefaßt, und ich fühlte mich ernüchtert.
5 „Wollen Sie sich denn nicht mit mir schlagen?" antwortete ich gereizt.
Sammy starrte mich an und brach dann in schallendes Gelächter aus. „Nein, so was!" sagte er. „Wie sind Sie denn darauf gekommen? Sie sind Donaghue, nicht wahr? Hier, trinken Sie eins!" und blitzschnell drückte er mir ein Glas Whisky in die freie Hand. Man kann sich vorstellen,
10 wie idiotisch ich mir vorkam mit dem Whisky in der einen Hand und dem Gürtel in der anderen.
Als ich mich wieder gefaßt hatte, sagte ich, in der Hoffnung nicht allzu blöde zu wirken: „Sie sind wohl Starfield, ja?" Ich fühlte mich vollkommen ratlos. Ich glaubte halb, daß es eigentlich an mir liegen sollte, ob
15 wir uns schlagen würden oder nicht. Bestimmt wollte ich mich nicht mit ihm schlagen, aber ich hatte es jetzt Sammy überlassen, die Initiative zu ergreifen, darüber konnte wohl kein Zweifel sein, und auch das haßte ich.
„Das bin ich!" sagte Sammy, „und Sie sind der junge Donaghue. Du liebe Zeit, was für ein Hitzkopf!" und platzte in eine neue Lachsalve aus.
20 Ich nahm einen großen Schluck Whisky, schnallte meinen Gürtel wieder um und versuchte auszusehen, als sei ich entgegen allem Anschein Herr der Lage. Der Film versorgt uns mit brauchbaren Konventionen dieser Art. Ich musterte Sammy langsam von oben bis unten. Er war ein recht hübscher Bursche von der Art, wie ich sie schon angedeutet habe.

1 Var. *Bei diesen Handgriffen sah;* Als *ich diese Manöver vollzog.* 2 Var. *Unverständnisses entspannen.* 3 Var. *Was haben Sie denn (eigentlich) vor?* 4 **gefaßt:** var. *vorbereitet.* **ernüchtert:** var. *lahmgelegt; hereingelegt.* 7 Var. *Du meine Güte!* Var. *Was hat Sie denn auf diese Idee gebracht?* 8 Var. *Hier, heben Sie mal einen!; nehmen Sie mal einen Schluck!* Var. *und schnell wie der Blitz.* 9 **sich vorstellen:** var. *denken.* 10 **idiotisch:** var. *dumm; dämlich.* 12 **gefaßt:** var. *gesammelt; etwas gefaßt.* 13 Var. *Ich nehme an, Sie sind; Ich glaube, Sie sind.* 13–14 Var. *Ich war restlos verwirrt; Ich wußte immer noch nicht, woran ich war.* 14 Var. *eigentlich meine Sache sein sollte; eigentlich bei mir liegen sollte.* 15–16 Var. *Ich wollte mich ja gar nicht mit ihm schlagen; Ich hatte ja gar keine Lust, mich mit ihm zu schlagen.* 16–17 Var. *aber jetzt hatte ich Sammy die Initiative übergeben.* 17 Var. *und das ging mir auch gegen den Strich; aber das haßte ich ebenso sehr; aber auch das gefiel mir ganz und gar nicht.* 18 **Das bin ich!** var. *Richtig!* 18–19 **Du liebe Zeit:** var. *Na, na.* 19 **Hitzkopf:** var. *Draufgänger.* 19 Var. *und ließ eine neue Lachsalve vom Stapel; brach in ein erneutes Gelächter aus.* 21 Var. *allem Anschein zum Trotz.* 22 **Lage:** var. *Situation.* 22–23 Var. *Das Kino liefert uns derartige (solche) nützliche, konventionelle Gesten.* 23 Var. *Ich sah Sammy abwägend ... unten an; Überlegen schaute ich Sammy ... unten an; Absichtlich bedächtig betrachtete ich Sammy ... unten.* 24 **Bursche:** var. *Kerl.*

83 Tod eines Schiffes

Zwischen der Dunkelheit von Erde und Himmel brannte das Schiff lichterloh auf einer Scheibe purpurnen Meeres, schillernd von dem blutroten Spiel der Lichtstrahlen; auf einer Scheibe von Wasser glitzernd und unheilvoll. Eine hohe, klare Flamme, eine riesige, einsame Flamme stieg aus dem Ozean auf, und von ihrer Spitze strömte schwarzer Rauch 5 ununterbrochen zum Himmel. Es brannte wild; traurig und eindrucksvoll, wie ein Scheiterhaufen in der Nacht entzündet, vom Meer umgeben und von den Sternen bewacht. Ein herrlicher Tod war dem alten Schiff wie eine Gnade, wie eine Gabe, wie eine Belohnung am Ende seiner mühseligen Tage zuteil geworden. Das Aufgeben seiner ermatteten Seele in die Obhut 10 von Sternen und Meer war ergreifend wie der Anblick eines glorreichen Triumphes. Die Masten stürzten gerade vor Tagesanbruch, und einen Augenblick lang gab es ein Bersten und Wirbeln von Funken, die die Nacht, geduldig und wachsam, mit stiebendem Feuer zu erfüllen schienen; die unermeßliche Nacht, die schweigend über dem Meer lag. Bei Tagesan- 15 bruch war das Schiff nur noch ein verkohltes Gerippe, das noch immer unter einer Rauchwolke auf dem Wasser schwamm, eine glühende Masse von Kohlen in sich bergend.

2 Var. *einer kreisrunden, purpurnen Fläche auf dem Meer.* 3–4 Var. *funkelnd und unheimlich.* 5 Var. *entstieg dem Ozean, und.* 6 **ununter-**

brochen: var. *unaufhörlich; ohne Unterlaß; unablässig.* **Es:** var. *Das Schiff.* **eindrucksvoll:** var. *überwältigend.* 7 Var. *gleich einem Scheiterhaufen, der in der Nacht entzündet war; wie ein in der Nacht angezündeter Scheiterhaufen.* **entzündet:** var. *in Brand gesteckt; angesteckt; angezündet.* Var. *rings vom Meer.* 10 **zuteil geworden:** var. *gekommen; beschieden.* Var. *seines ermüdeten Geistes.* 12 **stürzten:** var. *fielen.* 13 **Wirbeln:** var. *Gestiebe.* 13–14 Var. *die die stille und wachsame Nacht.* 14 **stiebendem:** var. *wirbelndem.* 15 **schweigend:** var. *still; lautlos.* 15–16 Var. *Als der Tag kam; Als es Tag wurde.* 17 **schwamm:** var. *lag; trieb.*

84 Ein Porträt

Benjamin Donne war ein kleiner, untersetzter Mann von sechzig Jahren, mit schwarzem Haar, das durch Strähnen von Weiß eher verworren als variiert war; mit runden, nußbraunen Augen wie die seiner Tochter, nur etwas dunkler und in einem Netz von Fältchen liegend, von denen die ihren
5 vielleicht für immer frei sein würden; mit einer Nase, die das Gesicht überschattete, ja beinahe entstellte, und mit plötzlichen, unbeherrschten Bewegungen und einem Gesichtsausdruck, der sowohl von Natur aus als auch von ihm selbst beabsichtigt rätselhaft wirkte. Er beugte sich über Anna, die Hand auf ihrer Schulter, und hörte Jenney mit dem einem Gast
10 gebührenden Interesse zu, wobei Ironie in allem zu spüren war, was er tat. Er war ein Mann, der mit sich selbst auf dem Kriegsfuß stand und dazu neigte, sich auch anderen Leuten gegenüber in diesem Verhältnis zu befinden. Seine Freunde waren verschiedener Meinung über ihn, einige hielten ihn für barsch und abstoßend, andere für einen Mann mit
15 einem natürlichen, aber unterdrückten Zärtlichkeitsgefühl, und beide hatten recht. Seit zwölf Jahren war er Witwer und hatte nicht daran gedacht, wieder zu heiraten, da ihm das Gegensätzliche im ehelichen Leben zu viel gewesen war. Kinder hatte er sich sehr gewünscht, war aber genügend mit ihnen versehen.

4 **Fältchen:** var. *Krähenfüßen.* **die ihren:** var. *ihre; die ihrigen.* 8 **beabsichtigt:** var. *gewollt.* 9–10 Var. *mit dem Interesse zu, das man einem Gast zollt.* 10–11 Var. *Ironie alles zu durchdringen schien; Ironie in allem, was er tat, zu sein schien.* 11–13 Var. *selbst im Zwiespalt war; und zum Zwiespalt neigte er auch in seinem Verhältnis anderen gegenüber; und schien auch in seinem Verhältnis zu anderen Leuten dazu zu neigen; stand, und das war leicht auch in seinem Verhältnis zu anderen der Fall.* 13 **Meinung:** var. *Ansicht.*

85 Die Demokratie

Die Demokratie verlangt sehr viel vom Staatsbürger. Sie verlangt Selbstzucht, Unterwerfung unter die demokratisch eingeführten Gesetze,

Bereitwilligkeit, an politischen Diskussionen teilzunehmen, Bereitwilligkeit, anderen zu dienen und so in sich selbst jene freundlichen Gefühle für andere Menschen zu ermutigen, die ihren höchsten Ausdruck in der Liebe finden. Die Opfer, die eine im Kriegszustande befindliche Staatsgemeinschaft von dem Individuum fordert, sind schwer zu ertragen, sie sind aber nicht immer schwer zu bringen. Die Opfer, die von einer sich im Frieden befindenden Demokratie benötigt werden, scheinen leichter zu bringen, weil wir nicht ernsthaft erwogen haben, was sie mit sich bringen und wie eintönig und lästig es sein mag, sie zu ertragen. Mit freien Menschen in einer freien Gemeinschaft freiwillig zusammenzuarbeiten, scheint anziehend zu sein, weil „freiwillig handeln" und „frei sein" angenehm klingende Schlagworte sind. Dann kommt das Aufeinanderprallen von Interessen: Ich will das, was deine Pläne vereiteln wird. Meinen Anspruch, wie schwach er auch sein mag, aufzugeben, ist schwierig. Zu wissen, ob er aufgegeben werden sollte, könnte vielleicht Verstand und Vorstellungskraft erfordern. Mein natürlicher Egoismus wird nicht durch ein Übersichhinauserhobenwerden befriedigt, wie zum Beispiel im Kriege durch den Begriff „Mein Vaterland gegen den Feind", denn sowohl du wie auch ich sind ex hypothesi Bürger eines im Frieden befindlichen Staates. Auch handelt es sich nicht um einen einmaligen Entschluß: ein Sprung über eine letzte Hürde noch, und der Wettlauf ist gewonnen. Die Notwendigkeit, Entschlüsse zu fassen, kommt immer wieder, und auch der Kampf erneut sich. Nur der Sinn für gute Kameradschaft und der Glaube an unser Ideal von freien Menschen, die sich freiwillig verbunden haben, können uns über diese schwierigen Augenblicke hinwegtragen.

2 **eingeführten:** var. *gegebenen; aufgestellten; etablierten.* 3 Var. *Bereitschaft zur Teilnahme an ... Erörterungen.* 4–5 Var. *Gefühle für andere zu ermutigen.* 6 Var. *die eine sich im ... befindende.* 7 **schwer:** var. *hart.* 9–10 Var. *scheinen leichter zu bringen zu sein.* 11 **eintönig:** var. *langweilig; alltäglich.* 14 **das Aufeinanderprallen:** var. *der Zusammenstoß.* 15 Var. *Pläne zuschanden macht; was dir unmöglich machen wird, deine Pläne auszuführen (deinen Plänen nachzugehen); was deine Pläne durchkreuzt; dich an der Ausführung deiner Pläne hindern wird; was dich frustrieren wird.* 17–18 **Vorstellungskraft:** var. *Einbildungskraft.* 22–23 Var. *noch eine Hürde mehr zu überspringen; über noch eine Hürde springen, und; noch eine letzte Hürde nehmen.* 24 **kommt immer wieder:** var. *wiederholt sich; taucht immer wieder auf* (free translation). 25 **der Sinn:** var. *das Gefühl.* 27 **hinwegtragen:** var. *hinweghelfen.*

86 Tyrannisieren

„Hier wird sehr wenig tyrannisiert", sagte Agnes.
„In meiner Schule wurde auch sehr wenig tyrannisiert. Es herrschte

da einfach eine Atmosphäre von Unfreundlichkeit, wie keine disziplinarischen Maßnahmen sie zerstreuen können. Nicht, was man dir tut, sondern
5 wie man es meint, das ist es, was weh tut."
„Das verstehe ich nicht."
„Körperlicher Schmerz tut nicht weh — wenigstens nicht das, was ich weh tun nennen würde —, wenn jemand einem zum Beispiel aus Versehen oder im Scherz einen Schlag versetzt. Aber ein leichter Schlag nur, wenn
10 man weiß, daß er aus Haß entspringt, ist einfach schrecklich. Jungens hassen sich wirklich, ich erinnere mich noch daran und sehe es jetzt wieder. Sie können einzelne starke Freundschaften schließen, aber von allgemeiner, wirklicher Kameradschaft haben sie keinen Begriff."
„Ich weiß nur, daß hier sehr wenig tyrannisiert wird."
15 „Weißt du, die Idee von Kameradschaft entwickelt sich erst spät; man kann hier noch gerade einen Anfang davon unter den Aufsichtsschülern sehen, in Cambridge auf der Uni steht sie dann in hoher Blüte. Deswegen bedauere ich diejenigen, die nicht nach Cambridge gehen: nicht weil es dazu gehört, auf die Universität zu gehen, sondern weil das die
20 Zauberjahre sind und — wenn man Glück hat — man dort sieht, was man vorher nicht sehen konnte und vielleicht nie wieder sehen wird."
„Sind dies denn nicht die Zauberjahre?" verlangte die Dame zu wissen.
Er lachte und tat so, als wolle er ihr einen Klaps geben. „Ich werde ein bißchen kompliziert. Aber höre mich, o Agnes, denn ich bin wirklich
25 praktisch veranlagt. Ich bin durchaus für unsere ‚Public Schools'. Mögen sie lange gedeihen! Aber ich bin entschieden gegen das Internatssystem. Es ist keine unvermeidliche Begleiterscheinung."
„Um Gottes willen!" schrie sie auf. „Bist du verrückt geworden?"

1 Var. *Hier werden die Kleinen kaum von den Großen tyrannisiert; Die Kleinen werden hier sehr wenig von den Großen unterdrückt; Tyrannei der Großen ist hier sehr selten.* 3 Var. *unfreundliche Atmosphäre.* 3-4 Var. *wie keine Disziplin ... beseitigen kann.* 4 **Maßnahmen:** var.*Verordnungen.* 5 **weh tut:** var. *verletzt.* 9 **Schlag:** var. *Klaps.* 11 Var. *können einander wirklich hassen.* 12 Var. *isolierte wahre Freundschaften.* 12-13 *aber sie haben keine Ahnung (Vorstellung) ... im allgemeinen; aber der Sinn für allgemeine, wirkliche Kameradschaft geht ihnen ab.* 15 Var. *Sieh mal! Hör mal!* Var. *der Begriff der Kameradschaft.* 16 Var. *man kann gerade noch sehen, wie sie hier ... anfängt.* 16-17 **Aufsichtsschülern:** var.*Vertrauensschülern.* 17 Var. *und in Cambridge dann später auf der Universität.* 18 Var. *in Cambridge studieren.* 19 Var. *weil es schneidig ist; weil es zum guten Ton gehört.* 23-24 Var. *Das klingt aber kompliziert (etwas verwickelt); Ich verheddere mich da; Das mag etwas verwirrt klingen.* 26-27 Var. *Aber ich halte nichts vom Internatswesen; Ich billige das ... durchaus nicht.* 27 **unvermeidliche:** var. *unumgängliche, unvermeidbare.* 27-28 Var. *kein unvermeidlicher Nebenumstand; kein unvermeidliches Anhängsel.* 29 Var. *kreischte sie auf.*

60

87 Werbeanzeigen

Wer niemals versucht hat, eine Werbeanzeige abzufassen, hat keine Idee von dem Vergnügen und den Schwierigkeiten, die diese Gattung von Literatur bereiten kann — oder soll ich sagen von ‚angewandter Literatur', um denen entgegenzukommen, die noch an die romantische Überlegenheit des Reinen und Uneigennützigen über das unmittelbar Nützliche glauben? Das Problem, dem sich der Verfasser von Werbeanzeigen gegenübersieht, ist ungeheuer verwickelt und gerade wegen der Mühe, die es macht, ungeheuer interessant. Es ist viel leichter, zehn leidlich wirkungsvolle Sonette zu schreiben, die gut genug sind, den nicht allzu tiefschürfenden Kritiker irrezuführen, als eine wirksame Werbeanzeige zu verfassen, die einige Tausende aus dem wahllos kaufenden Publikum hinters Licht führen wird. Das Problem, das vom Sonett gestellt wird, ist ein Kinderspiel im Vergleich zu dem Problem der Werbeanzeige. Wenn man ein Sonett schreibt, braucht man nur an sich selbst zu denken. Wenn die Leser einen dann langweilig oder unklar finden, um so schlimmer für sie. Wenn man aber eine Werbeanzeige schreibt, muß man an andere Leute denken. Verfasser von Werbeanzeigen dürfen nicht lyrisch oder unklar oder auf irgendeine Weise esoterisch sein. Sie müssen allgemein verständlich sein. Eine gute Werbeanzeige hat das mit dem Drama und der Redekunst gemein, daß sie sofort verständlich und unmittelbar packend sein muß. Doch muß sie zur gleichen Zeit all die Gedrängtheit des Epigramms besitzen.

1 Var. *ein Inserat aufzusetzen.* 2 **Gattung**: var. *Art; Form.* 3 **angewandter Literatur**: var. *Gebrauchsliteratur.* 6 Var. *das sich dem ... darbietet.* 7 **gerade**: var. *schon.* **macht**: var. *kostet.* 9 Var. *um den nicht zu genauen (gründlichen, tiefgründigen, gewissenhaften) Kritiker.* 10 **wirksame**: var. *wirkungsvolle.* 11 Var. *Tausende des wahllos ... Publikums einwickeln wird.* 12–13 Var. *verglichen mit dem Problem.* 20 **packend**: var. *anregend.* **zur gleichen Zeit**: var. *zugleich, gleichzeitig.*

88 Entgegengesetzte Ansichten

Liebe Isobel!
   Ich bin immer noch so traurig, daß unsere Begegnung so unglücklich endete. Es war lieb und gut von Dir, herzukommen und mir soviel Gutes zu wünschen; und es war sehr töricht von mir, mich durch eine so unwichtige Meinungsverschiedenheit davon abhalten zu lassen, meiner Dankbarkeit Ausdruck zu geben.
   Wenn ich nicht so glauben kann wie Du, darfst Du doch nicht denken, daß ich je aufgehört habe, auf der Seite der Unterdrückten, der Schwachen und Außenseiter zu sein. Ich habe lange genug gelebt, um zu wissen, daß viele von ihnen aus eigener Schuld so sind, daß viele der Starken und derjenigen, die immer Glück haben, bessere Menschen sind, aber ich muß

mich trotzdem auf die Seite der vom Unglück verfolgten stellen. Wir werden nichts von dem, was wir uns wünschen, zu unseren Lebzeiten sich verwirklichen sehen, und über das, was geschieht, wenn wir nicht mehr sind, steht es uns frei, uns solchen angenehmen Träumen hinzugeben, wie immer wir wünschen. Wenn ich recht habe bezüglich derer, an die Du glaubst, so wirst Du die erste sein, sie öffentlich anzuklagen, das weiß ich. Wenn ich mich irre, so wirst Du mir vergeben und verstehen warum. Ich habe soviel über Dich nachgedacht und auch darüber, wie wundervoll Du mit allem fertig geworden bist. Weder Du noch ich waren zu Lehrern geboren. Da ich das Glück hatte, schriftstellerische Talente zu haben, konnte ich aufgeben. Es ist wohl an der Zeit, daß Du dasselbe tust. Dein Leben ist ein sehr volles, voll genug, auf die Plackerei der Arbeit zu verzichten, die für Dich allen Reiz verloren hat. Wenn Du daran denken solltest, Dich pensionieren zu lassen, könnten wir vielleicht Dein neues Leben so anfangen, daß wir miteinander eine Auslandsreise machen. Wir wollen bald wieder zusammenkommen. Meine besten Wünsche für Miss Randall, wenn sie sie annehmen will.

In Liebe,
Dein Bernard

Title: var. *Gegensätzliche Ansichten.* 2–3 Var. *Zusammenkunft ein so unglückliches Ende nehmen sollte.* 5 Var. *daran hindern zu lassen.* 5–6 Var. *meine Dankbarkeit auszudrücken.* 9 **Außenseiter:** var. *nicht Gesellschaftsfähigen; und derjenigen, die sich nicht in die Gesellschaft einfügen können.* 17 **anzuklagen:** var. *zu brandmarken; zu denunzieren.* 20–21 Var. *waren dazu bestimmt, Lehrer zu werden.* 21–22 Var. *schriftstellern zu können.* 23 Var. *genug, um auf.* 24 Var. *für Dich schal geworden ist.* 25 Var. *solltest, in den Ruhestand zu treten.* 27 Var. *wollen uns bald wiedertreffen.*

89 „Elpenor"

Aus dieser Lektüre der griechischen Tragödie entstand in Goethes Geist die Idee zu einem neuen Schauspiel — „Elpenor". Die Namen und das Milieu sind griechisch — aber im Gegensatz zu „Prometheus" und „Iphigenie" ist die Fabel nicht der griechischen Mythologie entnommen; sie ist eine Erfindung Goethes, die er in ein griechisches Gewand kleiden wollte. Diese Tatsache könnte man als Beweis für eine wachsende Neigung in ihm ansehen, die griechische Kunst in allen ihren Formen als absolutes Vorbild zu betrachten. Wenn er in den Tagen des Sturm und Drang ein griechisches Milieu benutzt hatte, so hatte er das getan, weil diese oder jene griechische Geschichte das am besten ausdrückte, was er sagen wollte; auch für „Iphigenie" war der Tantalidenmythos schon fertig zur Hand. Für seine neue Idee gab es keinen angemessenen griechischen Mythos; aber Goethe war fest entschlossen, das Milieu griechisch zu gestalten; deshalb ersann er eine Geschichte und gab den Charakteren griechische

Namen. Es ist wahr, daß er fest entschlossen war, das neue Drama in ein 15
griechisches Gewand zu kleiden, obwohl kein Mythos vorhanden war,
der seine Idee hätte versinnbildlichen können. Aber der Grund dafür
war nicht, daß er jetzt anfing, das griechische Milieu als unentbehrlich zu
betrachten. Der Grund für seine Wahl des griechischen Gewands lag, wie
wir sehen werden, in der Idee selbst, die er auszudrücken versuchte. 20

1 **entstand:** var. *entwickelte sich; wuchs.* 2 **Schauspiel:** var. *Drama.*
2–3 **das Milieu:** var. *der äußere Rahmen.* 3 Var. *zum Unterschied von.* 4 Var. *Handlung nicht den griechischen Götter- und Heldensagen entnommen.* 5–6 Var. *für welche er das griechische Gewand (Kostüm) wählte.* 8 **Vorbild:** var. *Muster.* Var. *Sturm und Drangs.* 8–9 Var. *er sich ... eines griechischen Milieus bedient hatte, so deshalb, weil.* 12 Var. *passenden griechischen Mythos; keine angemessene (passende) griechische Sage.*
13 **gestalten:** var. *halten.* 16 **obwohl:** var. *trotzdem.* 16–17 Var. *war, um seine Idee zu versinnbildlichen.*

90 Die Gegner

Mit einem Satz war ich im Wohnzimmer und befand mich schon ziemlich
weit weg von der Tür, als ich einen Mann mit einer Flasche in der Hand
auf der anderen Seite des Zimmers stehen sah. Ein Blick genügte, und ich
wußte, daß dies der ‚Heilige Sammy' war. Er trug einen Tweedanzug und
sah aus wie ein Mann, der im Freien zu leben gewohnt ist, aber zu viel Zeit 5
bei elektrischem Licht zugebracht hatte. Er hatte ein aufgeschwemmtes
rötliches Gesicht und eine mächtig sich ausbreitende Nase. Sein Haar war
nur leicht ergraut. Er hielt den Kopf aufrecht und die Flasche beim Hals. Er
sah mich jetzt mit ruhigem, sanftem, gefährlichem Blick an. Es war mir
klar, daß er wußte, wer ich war. Ich zögerte. Sammy hat seinen Namen in 10
Lichtreklame, aber früher war er ein wirklicher Rennplatzbuchmacher
gewesen, und niemand konnte bezweifeln, daß er ein gefährlicher Bursche
war. Ich schätzte die Entfernung zwischen uns ab und trat einen Schritt
zurück. Dann nahm ich meinen Gürtel ab. Es war ein ziemlich schwerer
Ledergürtel mit einer starken Messingschnalle. Dies war nur eine Finte. 15
Ich habe Gardegrenadiere dies vor einer Schlägerei tun sehen, und es ist
eine eindrucksvolle Geste. Ich hatte nicht die Absicht, den Gürtel als
Waffe zu benutzen, aber Vorbeugung ist besser als ein *fracas*, und Sammy,
der vielleicht nicht wußte, daß ich ein Judo-Experte war, mochte es im
Sinne haben, mit mir anzubinden. Für den Fall, daß er auf mich zuge- 20
stürzt käme, hatte ich mir schon vorgenommen, ihn mit einem guten alten
„Pferdekopfsturz" zu empfangen.

1 **befand mich:** var. *war.* 2 Var. *der eine Flasche in der Hand hatte.*
3–4 Var. *genügte, um mir zu sagen, daß dies.* 4–5 Var. *und hatte das*

Aussehen eines Mannes. 6 **aufgeschwemmtes:** var. *aufgedunsenes.*
7–8 Var. *war nur ein wenig grau.* 10 Var. *klar, er wußte.* 10–11 Var.
Sammys Name kann man in Lichtreklame (in Leuchtbuchstaben) sehen. 11
wirklicher: var. *richtiger.* 12 Var. *es war außer Zweifel, daß; es bestand
kein Zweifel darüber, daß.* 12 Var. *schwerer Junge war; daß er einer war,
mit dem nicht gut Kirschen essen ist* (free translation). 15 **starken:** var.
soliden. **eine Finte:** var. *ein Scheinmanöver.* 17 **eindrucksvolle:** var.
imponierende. Var. *Es war nicht meine Absicht.* 19 **Judo-Experte:** var.
geübter Judo-Kämpfer. 19–20 Var. *mochte etwas gegen mich im Schilde
führen.*

91 Der Ehrenbürger

Wann und von wo auch immer Tyrannei drohte, er hat sich stets für die
Freiheit eingesetzt. Standhaft der Zukunft entgegenblickend, hat er
niemals die Vergangenheit vergessen. Sechs Monarchen seines heimat-
lichen Großbritanniens dienend, hat er der Freiheit und Würde aller
5 Menschen gedient.
   In den dunklen Tagen und dunkleren Nächten, als Großbritannien
allein stand — und die meisten Menschen, ausgenommen die Engländer,
am Weiterleben Englands verzweifelten —, mobilisierte er die englische
Sprache und sandte sie in die Schlacht. Die Glut seiner Worte brachte
10 den Mut seiner Landsleute zum Aufleuchten.
   Von seinen Mitbürgern mit unbeschränkter Macht betraut, war er
immer wachsam, ihre Rechte zu schützen. Für sich selbst gegen Gefahr
gleichgültig, weinte er über den Gram der anderen. Ein Sohn des Unter-
hauses, wurde er mit der Zeit zu dessen Vater. An die Strapazen der
15 Schlacht gewöhnt, verachtete er das Vergnügen nicht.
   Jetzt ist das stattliche Schiff seines Lebens, das die schwersten Stürme
eines unruhigen Jahrhunderts ausgehalten hat, in ruhigen Wassern veran-
kert: ein Beweis dafür, daß Mut und Glaube und der Eifer für die Freiheit
wahrhaft unzerstörbar sind. Die Chronik seiner glorreichen Laufbahn
20 wird die freien Herzen aller Zeiten begeistern.
   Dadurch, daß wir seinen Namen in unsere Ehrenliste aufnehmen wollen,
wollen wir ihn ehren; daß er dies aber annimmt, ehrt uns weit mehr. Denn
keine Erklärung oder Verkündigung kann seinen Namen jetzt noch mehr
bereichern—der Name Sir Winston Churchill ist schon Legende.

2 Var. *Standhaft in die Zukunft blickend.* 9–10 Var. *Seine zündenden
Worte brachten ... zum Glühen.* 12 Var. *wachsam darauf bedacht, ihre.*
17 **ausgehalten hat:** var. *über sich hat ergehen lassen.* 18 **der Eifer:**
var. *die Begeisterung für.* 19 **glorreichen:** var. *triumphreichen.* 20
begeistern: var. *anspornen.*

92 Ein Vergleich

Man braucht nicht darüber zu streiten, daß Schottland ein „härteres" Land als England ist, noch auf Einzelheiten einzugehen über den nur zu bekannten Unterschied im Temperament zwischen dem traditionellen Schotten — gewichtig ernst, sparsam, genau, ausdauernd, vorsichtig, gewissenhaft und gebildet — und dem traditionellen Engländer — leichtfertig, verschwenderisch, unbestimmt, sprunghaft, sorglos, ungehemmt und ohne gründliche Kenntnisse. Die Engländer mögen diesen traditionellen Vergleich eher als Scherz auffassen; sie betrachten die meisten Dinge eigentlich als Scherz; die Schotten aber nicht. Johnson pflegte Boswell mit dem anscheinend oft wiederholten Bonmot zu necken, daß die schönste Aussicht, die ein Schotte je erblicke, die Straße nach England sei. Und noch ehe Johnson geboren wurde, sagte ein Witzbold aus den Tagen der Königin Anna: Wäre Kain ein Schotte gewesen, hätte er eine entgegengesetzte Strafe erhalten, nämlich, statt dazu verdammt zu werden, ein Wanderer auf Erden zu sein, wäre er dazu verurteilt worden, zu Hause zu bleiben. Die volkstümliche Vermutung, daß der Anteil der Schotten an dem Aufbau des Britischen Weltreiches und an der Besetzung der höheren Stellen in Staat und Kirche in keinem Verhältnis zu ihrer Anzahl steht, ist ohne jeden Zweifel gut begründet. Der klassische parlamentarische Konflikt im viktorianischen England war der zwischen einem reinrassigen Schotten und einem reinrassigen Juden, und von Gladstones Nachfolgern im Amt des Premierministers Großbritanniens war bis auf den heutigen Tag fast die Hälfte Schotten.

1 Var. *Es ist nicht notwendig* (*nötig*), *darüber zu argumentieren*. 2–3 **nur zu bekannten:** var. *nur allzu bekannten; über den allgemein bekannten* (*berühmten*). 4 **gewichtig ernst:** var. *würdevoll*. 5–6 **leichtfertig:** var. *leichtsinnig; nichts ernst nehmend*. 6 **ungehemmt:** var. *ungezwungen; frei von Hemmungen*. 7 Var. *ohne gründliche Schulkenntnisse* (*Schulweisheit*). 7–8 Var. *sehen ... als einen Scherz an*. 8 **eher:** var. *mehr oder weniger*. 9 Var. *nicht aber die Schotten! anders die Schotten; die Schotten tun dies aber nicht*. 10 **zu necken:** var. *aufzuziehen*. 11 **erblicke:** var. *sähe, sehen könne*. 12 **Witzbold:** var. *witziger Mensch*. 14 **statt:** var. *anstatt*. 16 **Vermutung:** var. *Ansicht; Meinung; Auffassung*. 16–18 Var. *daß die Schotten bei dem ... und der ... eine Rolle spielen, die in keinem*. 23 **fast:** var. *nahezu; beinahe*.

93 Eine sonderbare Sitte

Sie errichten weder Denkmäler, noch schreiben sie Grabschriften für ihre Toten, obwohl in früheren Zeiten ihr Brauch dem unseren sehr ähnlich war, aber sie haben eine Sitte, die fast auf dasselbe hinausläuft, denn der Instinkt, den Namen über den leiblichen Tod hinaus lebendig zu erhalten,

5 scheint allen Menschen gemeinsam zu sein. Sie lassen schon zu Lebzeiten
Standbilder von sich anfertigen (das heißt, diejenigen, die es sich leisten
können) und setzen Inschriften darunter, die oft ebenso unwahr sind wie
unsere eigenen Grabschriften — nur auf andere Weise. Denn sie zögern
nicht, sich als Opfer ihrer eigenen üblen Laune, ihrer Eifersucht, ihrer
10 Habsucht und dergleichen mehr zu bezeichnen, sie erheben aber fast immer
Anspruch auf körperliche Schönheit, ob sie sie besitzen oder nicht, und
oft auch darauf, eine große Summe Geld in Staatspapieren zu besitzen.
Wenn jemand häßlich ist, so sitzt er nicht zu seiner eigenen Statue Modell,
obwohl sie seinen Namen trägt. Er läßt den schönsten seiner Freunde für
15 sich Modell sitzen, und eine der Möglichkeiten, einem anderen ein Kompliment zu machen, ist ihn zu bitten, zu einem solchen Standbild Modell zu
sitzen. Aus einer natürlichen Abneigung heraus, die überlegene Schönheit
einer Freundin anzuerkennen, sitzen Frauen meist zu ihren eigenen
Statuen Modell, aber sie erwarten, daß man sie verschönert. Mir wurde
20 zu verstehen gegeben, daß fast jede Familie die große Menge dieser
Standbilder als Belastung zu empfinden begann und daß diese Sitte wohl
über kurz oder lang in Verfall geraten würde.

1 **weder:** var. *keine.* 2–3 Var. *sehr ähnlich dem unseren war.* 6 **Standbilder:** var. *Statuen.* 8–9 Var. *Denn sie nehmen keinen Anstand.* 9–10 Var. *sich als ... anzuklagen (darzulegen); zögern nicht zu bekennen, daß sie ein Opfer ... mehr sind.* 10–11 Var. *aber fast immer rühmen sie sich ihrer leiblichen (körperlichen) Schönheit; betonen sie ihre körperliche Schönheit.*
12 Var. *ein ansehnliches Vermögen in ... zu besitzen (angelegt zu haben).*
Geld: var. *Geldes.* 14–15 Var. *Er bittet den ... für ihn Modell zu stehen.*
15–16 Var. *jemandem eine Aufmerksamkeit zu erweisen.* 17–18 Var. *Frauen stehen ... aus einem natürlichen Widerstand.* 19 Var. *erwarten, daß die Statue geschmeichelt ist.* **verschönert:** var. *idealisiert.* 20–21 Var. *daß sich fast in einer jeden Familie die Menge dieser Statuen als eine Belastung auszuwirken begann.* 21–22 Var. *in absehbarer Zeit wohl außer Gebrauch kommen würde.*

94 Vernon Passenger

Die Leute in der Nachbarschaft waren daran gewöhnt zu sagen, daß
Vernon Passengers Benehmen auf das enttäuschende Leben zurückzuführen sei, das er geführt habe. Fast nichts in seiner Laufbahn war so
gekommen, wie er es beabsichtigt hatte. Als junger Mann war er der
5 Londoner Gesellschaft müde geworden und war als Freiwilliger in den
Burenkrieg hinausgezogen, aber ein paar Tage nach seiner Ankunft in
Südafrika wäre er beinahe an den Masern gestorben. Als er nach England
zurückkam und noch bevor seine Gesundheit völlig wiederhergestellt war,
begann er die Werke eines weniger bedeutenden Dichters des 17. Jahr-

hunderts herauszugeben. Aber seine Genesung hatte ihm wenig Zeit
zur Forschung gelassen, und es stellte sich bei der Veröffentlichung heraus,
daß die Ausgabe so viele Fehler enthielt, daß er das Ganze auf seine eigene
Rechnung zurückzog. Dieses Ereignis hatte ihn mit einer Abneigung
gegen das geistige Leben erfüllt, von der er sich nie völlig erholte, und da
sein Vater um diese Zeit starb und er das Vermögen erbte, heiratete er
sofort und zog aufs Land. Dort beschäftigte er sich mit der wissenschaftlichen Zucht von Äpfeln, von denen jedes Jahr Ernte um Ernte von Bak-
terien zerstört wurde. Dann kam der Krieg. Mr. Passenger hatte deutsch-
freundliche Sympathien. Wieder setzte er auf das falsche Pferd. Es war
kein Wunder, daß er oft griesgrämig war. Im Winter ging er auf die Jagd,
obgleich die Jagd in diesem Teil des Landes armselig war. Er war der dortige
oberste Jagdleiter. Im Sommer trieb er sich draußen herum und stritt sich
mit den Nachbarn. Er war ein Gutsbesitzer, der die Dinge nicht zu genau
nahm, und war sehr beliebt bei den Häuslern, weil er einmal im Radio
über ein landwirtschaftliches Thema gesprochen hatte.

3 **geführt:** var. *gelebt.* 3–4 Var. *Kaum irgend etwas in seiner Karriere ...
wie er es gewollt hatte.* 5 **müde:** var. *überdrüssig.* 8 Var. *bevor er
wieder völlig gesund (genesen) war; bevor er seine Gesundheit völlig (ganz)
wiedererlangt hatte.* 9 Var. *eines zweitrangigen (unbedeutenden) Dichters.*
10 **herauszugeben:** var. *zu veröffentlichen.* 10–11 Var. *Zeit zum Nach-
forschen.* 12 **enthielt:** var. *hatte.* 12–13 Var. *auf seine eigenen Kosten.*
13–14 Var. *ihm eine Abneigung ... gegeben; in ihm eine Abneigung ...
hervorgerufen.* 15 **Vermögen:** var. *Besitztum.* 16–17 Var. *mit dem ...
Anbau.* 18 **zerstört:** var. *vernichtet.* Var. *Dann brach der Krieg aus.*
19 **falsche:** var. *verkehrte.* 22 **trieb er sich:** var. *schlich er.*
24 **Häuslern:** var. *Gutsarbeitern; Landarbeitern.*

95 Die Stadt Mandalay

Fanny hörte kaum, was ihr Vater sagte, sie schaute, alles, was sie an Seele
besaß, in den Augen, und es war wirklich nichts Seltsameres und Anmuti-
geres auf der Erde zu finden als dieses Juwel von Stadt, Mandalay!
Die hohen rosenroten Mauern, in Abständen gekrönt von hochragenden
Türmen mit aufwärts geschwungenen, pagodengleichen Stufendächern,
erstreckten sich über dem ganzen Wassergraben entlang, der in klaren,
durchsichtigen Flecken zwischen der hingebreiteten Fülle von rosa Lotos
erglänzte. Und entlang dieser leuchtenden, blattreichen Meile von Wasser
lagen vertäut goldene Barken mit hohem Bug, mit goldenen Drachen
besetzt, die im Sonnenschein funkelten und glitzerten, bis sie in weiter Ferne
nur zu blinkenden Lichtpünktchen zusammenschrumpften, Pünktchen,
die wie Flammen gegen das sanfte Blau der Shanberge leuchteten. Neben
dem Graben war ein Streifen von lebhaftem Grün, vom Schatten der

dunklen Gruppe von Mangobäumen gesprenkelt, die ihre schweren, spitzen
15 Blätter in der stillen Luft hängen ließen. Weiter unten am Graben überspannte eine zu blendendem Schneeweiß gewaschene Brücke das lilienbestreute Wasser. Während Fanny noch immer in Schauen versunken war, ertönten die tiefen Schläge eines Gongs von jenseits der rosenroten Mauern.

1 **Seele**: var. *Innigkeit.* 2-3 Var. *es konnte ... gefunden werden.* 3 **dieses Juwel**: var. *dieser Edelstein; diese Perle.* 6 Var. *oberhalb der ganzen Strecke des Wassergrabens entlang.* 6-7 **klaren, durchsichtigen**: var. *glasklaren.* 8 **erglänzte**: var. *schimmerte.* Var. *belaubten Wassermeile.* 9 **vertäut**: var. *angelegt.* 10-11 Var. *bis sie ... nur noch blinkende Lichtpünktchen waren.* 12-13 Var. *längs des Grabens; den (am) Graben entlang.* 13-14 Var. *gesprenkelt von den Schatten.* 14-15 Var. *deren schwere, spitze Blätter in der stillen Luft herabhingen.* 16 Var. *das mit Lilien bestreute Wasser.* 17 Var. *in den Anblick versunken.* 18 **ertönten**: var. *erklangen.* Var. *tiefe Töne von Gongschlägen.*

96 Intellektualismus

Zu dieser Zeit war der herrschende intellektuelle Einfluß an der Berliner Universität wie ja auch an jeder anderen deutschen Universität die Hegelsche Philosophie. Der Boden dafür war durch den allmählichen Abfall vom Glauben und von der Sprachform der klassischen Periode vorbereitet
5 worden, der im siebzehnten Jahrhundert begonnen hatte und sich im achtzehnten Jahrhundert verdichtete und in ein System gebracht wurde. Die größte und originellste Gestalt dieser Bewegung war unter den Deutschen Gottfried Wilhelm Leibniz, dessen Ideen von seinen Nachfolgern und Kommentatoren zu einem zusammenhängenden und dogmatisch-
10 metaphysischen System entwickelt wurden, welches, wie ihre Popularisatoren behaupteten, logisch zu beweisen sei, und zwar durch schrittweise abgeleitete Folgerungen aus einfachen Prämissen, ihrerseits selbstverständlich für diejenigen, die jene unfehlbare intellektuelle Intuition gebrauchen könnten, mit der alle denkenden Wesen von Geburt an ausge-
15 stattet seien. Dieser starre Intellektualismus wurde in England, wo keine Form eines reinen Rationalismus je auf einen aufnahmefähigen Boden gefallen war, von den einflußreichsten philosophischen Schriftstellern ihrer Zeit angegriffen. Locke, Hume und gegen das Ende des Jahrhunderts auch Bentham und die philosophischen Radikalen waren sich einig in der
20 Ableugnung, daß es eine solche Fähigkeit einer rein intellektuellen Einsicht in die wahre Natur der Dinge überhaupt gäbe. Keine andere Fähigkeit als nur die der bekannten physischen Sinnesorgane sei imstande, die erste empirische Information zu liefern, auf der jede weitere Kenntnis der Welt letzten Endes beruhe. Da alle Information durch die Sinne übermittelt
25 werde, könne die Vernunft keine unabhängige Wissensquelle sein. Die Vernunft sei nur dafür verantwortlich, solche Mitteilungen zu ordnen, einzu-

teilen, zusammenzustellen und Schlüsse daraus zu ziehen, wobei sie das
Material verwertet, das ohne ihre Mithilfe beschafft wurde.

1–3 Var. *Geistig beherrscht wurde die Universität von Berlin zu dieser Zeit,
genau wie jede andere deutsche Universität, von der Philosophie Hegels.*
3–4 Var. *die allmähliche Auflehnung gegen den Glauben und die Ausdrucksweise ... die.* 6 Var. *sich festigte und zu einem System gemacht wurde.*
9 **Kommentatoren:** var. *Auslegern.* 11 **sei:** var. *war.* 12–13 Var. *die
ihrerseits denen selbstverständlich waren.* 14 **gebrauchen:** var. *benutzen.*
könnten: var. *konnten.* 14–15 Var. *mit der jedes denkende ... sei (ist).*
15 **starre:** var. *gestrenge.* 16 Var. *jemals.* **aufnahmefähigen:** var.
fruchtbaren; zusagenden. 18–20 Var. *Sowohl ... als auch ... stritten
einmütig ab (leugneten einmütig), daß; stimmten darin überein, abzustreiten
(abzuleugnen), daß.* 20 Var. *wie eine rein intellektuelle.* 24 Var. *letzlich
fuße.* **übermittelt:** var. *vermittelt.* 26–27 Var. *sei nur für das Ordnen,
Einteilen und Zusammenstellen solcher Mitteilungen verantwortlich, sowie
dafür, Schlüsse.* 28 **verwertet:** var. *bearbeitet; verarbeitet.*

97 Reichtum

Einige Monate später wurde er einundzwanzig Jahre alt und bekam sein
Vermögen ausgezahlt. Reichtum ruinierte ihn nicht. Der einzige Reiz, den
Geld für ihn hatte, war Freiheit. Mehr als Armut haßte er allen Zwang,
dem ein konventioneller reicher Mann unterworfen war: pompöses
Geschäft, pompöse Gesellschaft, pompöse Reden und die goldene Uhr- 5
kette, wie eine schwere Girlande über einem dicken Bauch hängend. Peter
hatte den Trieb in sich, umherzustreifen, Beobachtungen zu machen und
mit nicht zuviel Hoffnung kleinen zufälligen Abenteuern und Bekanntschaften weiter nachzugehen. Aber wie konnte er ein solch müßiges Leben
rechtfertigen? Seine Freiheit schleppte die immer länger werdende Fessel 10
eines schlechten Gewissens hinter sich her. Vergebens versicherte er sich
selbst, daß seine Gesundheit schwächlich sei, und so kultivierte er gewissermaßen Schwächlichkeit. Vergebens machte er den Versuch, irgendwie der
heiligen Sache der Wissenschaft als Forscher oder Sammler zu dienen. Er
konnte nur erforschen, was andere vor ihm erforscht hatten, und sammeln, 15
was sie fortgeworfen hatten. Seine Bescheidenheit machte ihn abgeneigt
gegen die weitschweifigen Nichtigkeiten, mit denen so manche Reisebücher gefüllt waren, und doch waren es die Begleiterscheinungen eines
Unternehmens, die ihn mehr interessierten als der angebliche Endzweck.
Er lebte dahin, körperlich müßig und geistig ruhelos, verwelkte, bevor er 20
zur Blüte kam, hörte etwas von allen Dingen und lernte nichts gründlich.
Seine Bostoner Freunde, wenn sie ihn überhaupt noch erwähnten, waren
sich darin einig, daß aus ihm nichts geworden sei. Nur ein einziger Umstand rettete ihn vor völliger Verdammnis: sein Leben in entlegenen

25 Gegenden und selbst seine höchst abenteuerlichen Reisen verschlangen nur einen Bruchteil seines Einkommens. Er wurde reicher und reicher.

1 Var. *erreichte er sein einundzwanzigstes Jahr.* 1-2 Var. *kam in den Besitz seines Vermögens.* 2. Var. *verdarb ihn nicht; war kein Fallstrick (Verderb, Verderben) für ihn; war nicht sein Verderben; brachte ihn nicht ins Verderben.* 2-3 Var. *Reiz des Geldes lag für ihn in der Freiheit.* 5-6 Var. *Uhrkette, schwer wie eine Girlande über einem dicken Wanst.* 7 **umherzustreifen:** var. *umherzuschweifen; sich herum zu treiben.* 7-8 Var. *und nicht zu hoffnungsvoll.* 10-11 Var. *zog ... Gewissens mit sich.* 11 Var. *redete er sich ein; brachte er sich selbst als Entschuldigung vor; machte er es sich zum Vorwand.* 12-13 Var. *so pflegte er gewissermaßen (seine) Schwächlichkeit.* 13 Var. *machte er einigen (den schwachen) Versuch.* 16-17 Var. *ihn den weitschweifigen ... abgeneigt, von denen.* 18 **Begleiterscheinungen:** var. *Begleitumstände.* 20 **ruhelos:** var. *rastlos.* 20-21 Var. *wurde schal, bevor er zur Reife kam.* 21 **gründlich:** var. *von Grund auf.* 22-23 Var. *sie noch von ihm sprachen, stimmten allgemein darin überein, daß er vor die Hunde gegangen war* (fam.). 24 **Verdammnis:** var. *Verdammung.* 26 Var. *immer reicher.*

98 Toleranz

Der Grad der Toleranz, der zu irgendeinem Zeitpunkt erreicht werden kann, hängt von dem Druck ab, unter dem die Gesellschaft ihren Zusammenhang aufrechterhält. Im Kriege, zum Beispiel, unterdrücken wir die Evangelien und werfen die Quäker ins Gefängnis, legen den Zeitungen
5 einen Maulkorb an und machen es zu einem ernsthaften Vergehen, wenn jemand nachts ein Licht sehen läßt. Unter dem Druck des feindlichen Einfalls ließ die französische Regierung im Jahre 1792 viertausend Menschen hinrichten, meistens aus Gründen, die in ruhigen Friedenszeiten keine Regierung dazu provoziert hätte, auch nur einen Hund zu chloro-
10 formieren. Im Jahre 1920 metzelte und brannte die englische Regierung in Irland, um die Befürworter einer Verfassungsänderung zu verfolgen, die sie jedoch bald darauf selbst durchführen mußte. Später taten dann die Faschisten in Italien alles, was die Schwarz-Gelben in Irland getan hatten, nur mit einigen grotesk-wilden Variationen — dies unter dem
15 Druck des ungeschickten Versuchs einer industriellen Revolution von Sozialisten, die den Sozialismus noch schlechter verstanden, als die Kapitalisten den Kapitalismus verstehen. In den Vereinigten Staaten fand während der Angstpsychose, die sich nach der russisch-bolschewistischen Revolution 1917 verbreitete, eine unglaublich grausame Verfolgung von
20 Russen statt. Diese Beispiele ließen sich leicht vervielfältigen; doch genügen sie, um zu zeigen, daß es zwischen einem Höchstmaß an nachsichtiger Toleranz und unbarmherziger, intoleranter Schreckensherrschaft eine Stufenleiter gibt, auf die die Toleranz ständig steigt und fällt, und daß das 19. Jahrhundert nicht den mindesten Grund zu der selbstgefälligen Über-

zeugung hatte, daß es toleranter als das 15. Jahrhundert sei, oder daß sich 25
in unserem sogenannten aufgeklärteren Zeitalter ein solcher Vorfall wie
die Hinrichtung der Johanna unmöglich ereignen könne.

1 Var. *Der zu irgendeinem Zeitpunkt erreichbare Grad von (der) Toleranz.* 2
dem: var. *welchem.* 4 Var. *sperren die Quäker ein.* 4-5Var. *Zeitungen Fesseln
an; knebeln die Presse.* 5-6 Var. *und sehen es als ein ernsthaftes Vergehen an,
nachts ein Licht sehen zu lassen.* 8 **hinrichten**: var. *den Kopf abschlagen.* 8
Var. *in ruhigen Zeiten des Friedens.* 9-10 Var. *Regierung zur Chloroformierung eines Hundes gebracht (gereizt, provoziert) hätte.* 11-12 Var. *um die zu
verfolgen, die eine Änderung der Verfassung befürworteten (herbeiführen
wollten), die die englische Regierung jedoch ...* 16-17 Var. *die vom
Sozialismus noch weniger verstanden, als die ... vom Kapitalismus verstehen.* 18-19 Var. *die durch die russisch-bolschewistische ... verursacht
wurde.* 20 **vervielfältigen**: var. *vervielfachen.* 21 **zeigen**: var. *aufzuzeigen.*
ständig: var. *beständig; dauernd.* 24 Var. *gar keinen Grund.* 26 **ein
solcher**: var. *solch ein.*

99 Das Telegramm

„Ihr Sohn verschied schmerzlos am 20. Juni ..."
Er ließ das Telegramm fallen, drehte sich schnell um, stand regungslos
da. Der Mond schien auf ihn; ein Nachtfalter flog ihm ins Gesicht. Der
allererste Tag, an dem er nicht beinahe unaufhörlich an Jolly gedacht
hatte. Er ging blindlings ein paar Schritte auf das Fenster zu, stieß an den 5
alten Lehnstuhl — den seines Vaters — und sank auf dessen Armlehne
nieder. Er saß da vornübergekauert und starrte in die Nacht. Erloschen
wie die Flamme einer Kerze; weit weg von zu Hause, von Liebe, ganz
allein, im Dunkeln! Sein Junge! Von klein auf immer so gut zu ihm, so
freundlich! Zwanzig Jahre alt, und niedergemäht wie Gras — kein Funken 10
Leben mehr in ihm! „Ich habe ihn eigentlich nie recht gekannt", dachte
er, „und er hat mich nicht gekannt; aber wir haben uns lieb gehabt. Es
kommt ja nur auf die Liebe an."
Der Mond stand jetzt hinter der Eiche und verlieh ihr ein unheimliches
Feuer, so daß sie ihn zu beobachten schien — die Eiche, auf die sein Junge 15
so gern geklettert war, von der er einmal heruntergefallen war und sich
verletzt hatte, ohne zu weinen.
Die Tür knarrte. Er sah Irene hereinkommen, das Telegramm aufheben
und es lesen. Er hörte das leise Rascheln ihres Kleides. Sie sank dicht neben
ihm auf die Knie, und er zwang sich, ihr zuzulächeln. Sie streckte die Arme 20
nach ihm aus und zog seinen Kopf auf ihre Schulter herunter. Ihr Duft
und ihre Wärme hüllten ihn ein; ihre Gegenwart gewann langsam Herrschaft über sein ganzes Wesen.

1 Var. *ist am ... schmerzlos verschieden (gestorben).* 2 **regungslos**: var.
bewegungslos. 5 Var. *Schritte gegen das Fenster hin.* 6 **Lehnstuhl**: var.

Armstuhl. 7 **Erloschen:** var. *Ausgelöscht.* 10 **niedergemäht:** var. *hingemäht.* 10–11 Var. *gar kein Leben mehr!* 11 **nie:** var. *nicht.* 12 Var. *wir liebten uns.* 17 Var. *und nicht geweint hatte.* 22–23 Var. *Gegenwart ergriff langsam Besitz von seinem ganzen Wesen.*

100 Europa im achtzehnten Jahrhundert

Die Jahre nach dem Siebenjährigen Krieg waren für einen großen Teil des Kontinents eine friedliche Zeit, in der es zu einem denkwürdigen Wechsel in der europäischen politischen Ordnung kam. Es war das Zeitalter eines Geschehens, das man die Reue der Monarchie nennen könnte. Was
5 früher egoistisch, unterdrückend und grausam war, wurde jetzt unpersönlich, philanthropisch und wohltätig. Die starke Strömung der öffentlichen Meinung des achtzehnten Jahrhunderts ließ den Staat allmächtig, zwang ihn aber, öffentliche Interessen im Gegensatz zu dynastischen zu berücksichtigen. Der Staat wurde mehr oder weniger vernünftig zum Wohl des
10 Volkes benutzt. Humanität stritt mit dem Ehrgeiz um Vorherrschaft. Es war noch immer ein Despotismus, aber ein aufgeklärter Despotismus. Der tüchtige Fachmann herrschte unbestritten, aber er wurde von großen Schriftstellern — Locke, Montesquieu, Turgot, Beccaria, Adam Smith — beeinflußt. Es war eine ernsthafte Tendenz vorhanden, die Volksbildung
15 zu erweitern, Armut zu lindern, Krankenhäuser zu vermehren, Reichtum durch Unternehmungen von Ingenieuren zu fördern, die Leibeigenschaft aufzuheben, die Folter abzuschaffen und Akademien, Sternwarten und dergleichen zu fördern. Gefängnisse waren nie zuvor so schlecht gewesen, jetzt wurden Versuche gemacht, sie zu verbessern. Der Sklavenhandel
20 war nie so blühend gewesen; man fing an, Zweifel zu haben, ob er auch moralisch sei. Gesetze wurden kodifiziert, und obwohl die Gesetzbücher erstaunlich schlecht waren, wurden die Gesetze durch sie doch verbessert. Die Bewegung war eine fast allgemeine, von Spanien bis nach Dänemark und Rußland. Das Leben in der guten Gesellschaft war, ausgenom-
25 men auf dem Gebiet der Politik, ein Vergnügen und wurde in den Heimstätten des Luxus — Paris, Brüssel, Rom und Venedig — wie eine der schönen Künste studiert, Jedem, der kein Liberaler war und keine Ansichten darüber hatte, was Regierungen legitim macht und Revolutionen abwendet, ging es in jenen Tagen gut.

1 Var. *Jahre, die auf den ... folgten, waren.* 2–3 Var. *in der sich ein denkwürdiger ... ereignete (vollzog); Wandel in den europäischen Staatsformen.* 4–6 Var. *Was früher Egoismus, Unterdrückung und Grausamkeit gewesen war, wandelte sich jetzt in das Unpersönliche, Philanthropische und Wohltätige.* 7 Var. *ließ ... allmächtig bleiben.* 8 **im Gegensatz su:** var. *zum Unterschied von; als verschieden (unterschieden) von.* 9 **vernünftig:** var. *klug; auf intelligente Weise.* 11 Var. *Despotismus herrschte immer noch, aber es war*

ein ... *Despotismus.* 12 **tüchtige**: var. *fähige.* **unbestritten**: var. *unangefochten.* 14 **Tendenz**: var. *Neigung.* 14 **Volksbildung**: var. *Volkserziehung des Volks.* 16–17 Var. *die Leibeigenen zu befreien.* 18 **fördern**: var. *unterstützen.* 20–21 Var. *zu zweifeln, ob* ... *sei; Zweifel zu hegen, ob; sich Gedanken darüber zu machen, ob.* 24–25 Var. *Wenn man das Gebiet der Politik ausnimmt, war das Leben* ... *Vergnügen.* Var. *das Gebiet der Politik ausgenommen.* 28 **legitim**: var. *gesetzmäßig.* 29 **abwendet**: var. *verhindert.*

Sources of German Prose Passages for Comment and Appreciation

a Clara Viebig (1860–1952), *Am Totenmaar*
b Heinrich von Kleist (1777–1811), *Brief eines Dichters an einen anderen*

1 Herman Löns (1866–1914), *Mein braunes Buch*
2 Hermann Broch (1886–1951), *Der Versucher*
3 Peter Weiss (geboren 1916), *Fluchtpunkt*
4 Carl Zuckmayer (1896–1977), *Salwàre oder Die Magdalena von Bozen*
5 Ernst Jünger (geboren 1895), *Das abenteuerliche Herz*
6 Thomas Mann (1875–1955), *Königliche Hoheit*
7 Johann Wolfgang von Goethe (1749–1832), *Die Leiden des jungen Werthers*
8 Thomas Mann (1875–1955), *Herr und Hund*
9 Robert Walser (1878–1956), *Der Gehülfe*
10 Gottfried Keller (1819–1890), *Der grüne Heinrich*
11 Friedrich Hölderlin (1770–1843), *Hyperion*
12 Gerhart Hauptmann (1862–1946), *Bahnwärter Thiel*
13 Adalbert Stifter (1805–1868), *Die Sonnenfinsternis am 8. Juli 1842*
14 Robert Musil (1880–1942), *Der Mann ohne Eigenschaften*
15 Friedrich Georg Jünger (1898–1977), *Grüne Zweige*
16 Heinrich Böll (geboren 1917), *Und sagte kein einziges Wort*
17 Ernst Jünger (geboren 1895), *Auf den Marmorklippen*
18 Franz Kafka (1883–1924), *Auf der Galerie*
19 Heimito von Doderer (1896–1966), *Die Strudlhofstiege*
20 Thomas Mann (1875–1955), *Buddenbrooks*
21 Franz Grillparzer (1791–1872), *Der arme Spielmann*
22 Adalbert Stifter (1805–1868), *Kalkstein*
23 Stefan Zweig (1881–1942), *Triumph und Tragik des Erasmus von Rotterdam*
24 Erich Marcks (1861–1938), *Der Aufstieg des Reiches*
25 Elisabeth Langgässer (1899–1950), *Marie Curie*
26 Leopold von Ranke (1795–1886), *Wallenstein*
27 Wilhelm Emrich (geboren 1909), *Die Literaturgewohnheiten in der modernen Gesellschaft*
28 Egon Friedell (1873–1938), *Kulturgeschichte der Neuzeit*
29 Franz Werfel (1890–1945), *Der veruntreute Himmel*
30 Friedrich Meinecke (1862–1954), *Die deutsche Katastrophe*
31 Arthur Schopenhauer (1788–1860), *Kleine philosophische Schriften: Selbstdenken*
32 Max Planck (1858–1947), *Sinn und Grenzen der exakten Wissenschaft*
33 Immanuel Kant (1724–1804), *Was ist Aufklärung?*
34 Kurt Pinthus (geboren 1886), *Vorwort zur Menschheitsdämmerung. Ein Dokument des Expressionismus*
35 Friedrich Gundolf (1880–1931), *Goethe*
36 Friedrich von Schiller (1759–1805), *Über die ästhetische Erziehung des Menschen*

37 Friedrich Georg Jünger (1898–1977), *Die Perfektion der Technik*
38 Emil Staiger (geboren 1908), *Goethe*
39 Wilhelm Schneider (geboren 1885), *Ehrfurcht vor dem deutschen Wort*
40 Friedrich Georg Jünger (1898–1977), *Die Perfektion der Technik*

Authors of German Poems and Verse Passages for Comment and Appreciation

a. Friedrich von Schiller (1759–1805), *Nänie*
b. Friedrich Hölderlin (1770–1843), Aus *Der Rhein*

1 Stefan George (1868–1933), *Fenster wo ich einst mit dir*
2 Karl Kraus (1874–1936), *Nächtliche Stunde*
3 Gottfried Benn (1886–1956), *Dann—*
4 Albrecht Haushofer (1903–1945), *Die Wächter*
5 Gottfried Keller (1819–1890), *In der Stadt*
6 Andreas Gryphius (1616–1644), *An die Welt*
7 Marie Luise Kaschnitz (1901-1974), *Die Ewigkeit*
8 Conrad Ferdinand Meyer (1825–1898), *Ein Lied Chastelards*
9 Josef Weinheber (1892–1945), *An den antiken Vers*
10 Friedrich Nietzsche (1844–1900), *Vereinsamt*
11 Albrecht Goes (geboren 1908), *Über einer Todesnachricht*
12 Georg Britting (1891–1964), *Der Hahn*
13 Eduard Mörike (1804–1875), *Ein Irrsal kam in die Mondscheingärten*
14 Johann Wolfgang von Goethe (1749–1832), *Hochbild*
15 Georg Trakl (1887–1914),*Vorstadt im Föhn*
16 Ingeborg Bachmann (1926-1973), *Anrufung des Großen Bären*
17 Hugo von Hofmannsthal (1874–1929), *Ballade des äußeren Lebens*
18 Rainer Maria Rilke (1875–1926), *Corrida*
19 Annette von Droste-Hülshoff (1797–1848), *An Levin Schücking*
20 Matthias Claudius (1740–1815), *Kriegslied*
21 Hugo von Hofmannsthal (1874–1929), *Weltgeheimnis*
22 Friedrich Hölderlin (1770–1843), *Der gefesselte Strom* (*erste Fassung*)
23 Johann Wolfgang von Goethe (1749–1832), *Parzenlied* (aus *Iphigenie auf Tauris*)
24 Rainer Maria Rilke (1875–1926), *Das Karussell*
25 Georg Heym (1887–1912), *Mit den fahrenden Schiffen*
26 Eduard Mörike (1804–1875), *Die schöne Buche*
27 Friedrich Hölderlin (1770–1843), *Heidelberg*
28 Gerrit Engelke (1882–1918), *Lokomotive*
29 Kurt Tucholsky (1890–1935), *Das Ideal*
30 Ingeborg Bachmann (1926-1973), *Erklär mir, Liebe*
31 Friedrich von Schiller (1759–1805), Aus *Wallensteins Tod* (II, 2, Z. 779–809)

32 Heinrich von Kleist (1777-1811), Aus *Prinz Friedrich von Homburg* (V, 5, Z. 1570-1608)
33 Franz Grillparzer (1791-1872), Aus *Ein Bruderzwist in Habsburg* (III, Z. 1228-1271)
34 a. Christian Hofmann von Hofmannswaldau (1617-1679), *Die Welt*
 b. Hugo von Hofmannsthal (1874-1929), *Was ist die Welt?*
35 a. Johann Wolfgang von Goethe (1749-1832), *Gesang der Geister über den Wassern*
 b. Friedrich Hölderlin (1770-1843), *Hyperions Schicksalslied*
36 a. Else Lasker-Schüler (1876-1945), *Weltende*
 b. Jacob von Hoddis (1887-1942?), *Weltende*
37 a. Conrad Ferdinand Meyer (1825-1898), *Der römische Brunnen (erste Fassung)*
 b. Conrad Ferdinand Meyer (1825-1898), *Der römische Brunnen (zweite Fassung)*
 c. Conrad Ferdinand Meyer (1825-1898), *Der römische Brunnen (letzte Fassung)*
38 a. Friedrich Hölderlin (1770-1843), Aus *Menons Klagen um Diotima*
 b. Hermann Hesse (1877-1962), *Wunder der Liebe*
39 a. Franz Werfel (1890-1945), *Der Mensch ist stumm*
 b. Rainer Maria Rilke (1875-1926), *Abschied*